EVA-MARIA BAST | HEIKE THISSEN

Würzburger
Geheimnisse

**50 SPANNENDE GESCHICHTEN AUS
DER MAIN-METROPOLE**

Bast, Eva-Maria; Thissen, Heike
Würzburger Geheimnisse – 50 spannende Geschichten
aus der Main-Metropole

MAIN-POST in Kooperation mit:
Bast Medien, St. Ulrich-Str. 11, 88662 Überlingen (verantwortlich)
5. Auflage 2025.
ISBN: 978-3-9816796-0-1

Copyright: Bast Medien Service
Lektorat: Lena Bast
Covergestaltung: Cornelia Müller, Jarina Binnig
Layout: Jarina Binnig | Homebase – Kommunikation & Design
Grafik: Jennifer Krebs
Satz: Jarina Binnig
Druck: werk zwei Print+Medien Konstanz GmbH

Ein Titel aus der preisgekrönten Reihe „Geheimnisse der Heimat"

Inhalt

Vorwort

Wie oft gehen wir im Alltag achtlos an Gebäuden und Dingen vorüber, ohne zu ahnen, welche Geheimnisse sich hinter diesen Orten verbergen! Eva-Maria Bast und Heike Thissen haben das nicht getan. Die Autorinnen des Buches „Würzburger Geheimnisse" haben ganz genau hingeschaut und dabei viel Überraschendes entdeckt.

„Jede Stadt ist voller Geheimnisse, voller rätselhafter Überbleibsel aus der Vergangenheit", sagt die Journalistin Eva-Maria Bast. Im Dezember 2010 hatte sie die Idee, diese Relikte aufzuspüren und die Rätsel dahinter zu lösen. Für die Leser der Regionalzeitung „Südkurier" öffnete sie dann im Rahmen einer Adventskalender-Serie jeden Tag ein Türchen und erzählte ein neues Geheimnis. Die Idee kam gut an. So gut, dass ein Jahr später aus der Zeitungsserie eine Buchserie wurde: 2011 gaben Eva-Maria Bast und Co-Autorin Heike Thissen je ein Geheimnisbuch für die Städte Konstanz, Überlingen und Villingen-Schwenningen heraus. Ende 2014 werden 16 Titel aus ganz Deutschland vorliegen – unter anderem jene 50 spannenden Geschichten aus Würzburg, die Sie gerade in Händen halten.

Die „Geheimnisse der Heimat" sind preisgekrönt: Der „Südkurier", bei dem die ersten Bände und Serien erschienen, wurde für das Projekt mit dem Konrad-Adenauer-Journalistenpreis 2012 in der Kategorie „Geschichte" ausgezeichnet.

Die Heimat ist ein Sehnsuchtsort. Sie verspricht Geborgenheit, sie gibt Orientierung im zunehmenden Getöse der globalisierten und digitalisierten Welt. Wer den Menschen zuhört, erfährt viel über dieses Bedürfnis. Es ist vor allem auch ein Anliegen der jüngeren Menschen.

In einer Umfrage unter 2400 Jugendlichen war unlängst zu lesen, dass Familie und Freunde für sie die wichtigsten Werte darstellen. Werte, die man zu Hause findet, in der Heimat. Nachdem es die jungen Menschen jahrzehntelang von daheim weg zog, um neue Städte und Länder zu entdecken, gibt es heute eine Rückbesinnung auf diese Heimat. Freilich finden nicht alle zu Hause eine dauerhaft sichere Zukunft, vor allem mit Blick auf die beruflichen Möglichkeiten. Doch viele, die fortgehen mussten, kommen wieder zurück, wenn es geht.

Dieses Heimatgefühl gilt es einzufangen und zu bewahren, denn es ist Ausdruck des Zusammenhalts einer Region und damit ein Teil der Zukunft. Zu dieser Zukunft gehören auch Heimatzeitungen wie die Main-Post. Diese Zeitungen haben sich zum Ziel gesetzt, ihren Lesern das Zuhause so zu schildern, wie es ist: abwechslungsreich und bunt, manchmal auch schwierig, aber immer besonders. Und das kommt an.

Die Autorinnen Eva-Maria Bast und Heike Thissen haben für dieses Buch ganz genau hingesehen. Sie haben sich auf die Suche gemacht, um spannende Dinge in der Heimat zu finden, die fast jeder kennt – aber kaum jemand beachtet. Sie haben in Archiven und Bibliotheken recherchiert und vielen Menschen in der Region ihr Wissen entlockt. Entstanden ist ein Buch voller Geschichten, die so in Reiseführern nicht zu finden sind. Geschichten, die sowohl Einheimische als auch Touristen bereichern.

Nehmen Sie sich die Zeit und spüren Sie den Geheimnissen Ihrer Heimat nach. Im Anschluss an die Lektüre dieses Bandes werden Sie manche Ecke von Würzburg mit ein wenig anderen Augen sehen. Dieser Blick für das Besondere lohnt sich.

Herzlichst Ihr

Michael Reinhard
Chefredakteur
Main-Post

Die Autorinnen

Eva-Maria Bast, Jahrgang 1978, arbeitet seit 1996 für verschiedene Zeitungen und Magazine. 2011 gründete sie mit Heike Thissen das Journalistenbüro „Büro Bast & Thissen", das 2013 erweitert wurde und sich nun „Bast Medien Service" nennt. Eva-Maria Bast initiierte und schreibt seither die Buchreihe „Geheimnisse der Heimat", die 2011 startete, rasch zu einem regionalen Bestseller wurde und die 2014 in 16 Bänden vorliegt. 2012 wurde die Tageszeitung „Südkurier" für die Geheimnis-Reihe mit dem Deutschen Lokaljournalistenpreis der Konrad-Adenauer-Stiftung in der Kategorie „Geschichte" ausgezeichnet. 2012 begann Bast sich auch der Belletristik zu widmen. Mit „Vergissmichnicht" (Gmeiner-Verlag) gab sie ihr Krimi-Debüt, „Tulpentanz" folgte ein Jahr später. Im Frühjahr 2014 erschien ihr erster historischer Roman. Eva-Maria Bast lebt mit ihrer Familie in Überlingen am Bodensee.

Heike Thissen, Jahrgang 1980, ist seit ihrem Abitur 1999 im Journalismus zuhause. Sie hat an der Universität Leipzig und der Universidad de Valencia Diplom-Journalistik und Amerikanistik studiert und im Südkurier-Medienhaus in Konstanz volontiert. Nach mehreren Jahren als Redakteurin beim Südkurier arbeitet sie seit 2010 als freie Journalistin für Zeitungen und Zeitschriften. Im Mittelpunkt ihrer Beiträge stehen dabei immer die Menschen, die eine lesenswerte Geschichte zu erzählen haben. 2011 schloss sie sich mit Eva-Maria Bast zum „Büro Bast & Thissen" zusammen und legt hier ihren Schwerpunkt auf die „Geheimnisse der Heimat", sowie auf Sonderveröffentlichungen, Kunden- und Mitarbeitermagazine. Heike Thissen hat zwei Kinder und lebt mit ihrer Familie in Konstanz am Bodensee.

*Dirk Eujen und Wolfgang Hergenröther (von links) gönnen
sich auf den geheimnisvollen Steinen ein Päuschen.*

01

Drei Steine

Reste des einstigen Umlaufkanals

W er sie entdeckt, stutzt. Doch dass man sie entdeckt, ist
eher unwahrscheinlich. Wem würde schon auffallen,
dass drei Steine am Sockel eines öffentlichen Gebäudes
ein wenig weiter vorragen als andere? Dirk Eujen und
Wolfgang Hergenröther fallen diese Steine nicht nur auf, sie wissen
auch, dass sich an ihnen ein ungemein spannendes und wichtiges
Kapitel der Würzburger Stadtgeschichte erzählen lässt: Die Steine

sind Reste einer Brücke, genauer gesagt: eines ehemaligen steinernen Brückengeländers. Damit sie nicht in den Gehweg der Burkarder Straße ragen, aber trotzdem als Erinnerung bleiben, wurden sie in den Sockel des heutigen Bayerischen Verwaltungsgerichts eingemauert. Was aber hat eine Brücke an einer Stelle zu suchen, an der es gar kein Wasser gibt? Und auch keine tieferliegende Straße, über die diese Brücke hätte hinwegführen können?

„Früher", sagt Dirk Eujen, Pensionär der Wasser- und Schifffahrtsdirektion Süd, „gab es hier durchaus Wasser. Denn bis in die 1950er-Jahre lief hier der so genannte Umlaufkanal." Hergenröther erklärt: „Auch der Teich beim historischen Burkarder Tor ist Teil des einstigen Umlaufkanals". Dieser 1675–1680 angelegte künstliche Wasserweg lief in einem Tunnel durch den barocken Festungsgürtel. Der vergitterte Eingang ist vom Teich aus zu sehen. „Der Kanal ermöglichte es den Mainschiffen, das zum Zwecke eines Mühlenstaus errichtete Streichwehr im Main zu umfahren", erklärt Eujen. Der Umlaufkanal unterquerte auf seinem

> **„Der Kanal ermöglichte es den Mainschiffen, das zum Zwecke eines Mühlenstaus errichtete Streichwehr im Main zu umfahren."**

Weg zurück zum Main an der Stelle, an der heute die Steine zu sehen sind, die Burkarder Straße. Damit die damals verkehrenden Schelche mit ihren hohen Masten die Brücke passieren konnten, wurde die Straße höher gelegt, was man immer noch sehen kann.

Übrigens sind Teich, Tunnel und Steine nicht die einzigen Überbleibsel des Umlaufkanals: „Noch heute ist hinter der Burkarder Kirche direkt am Schlossberg der alte Wasserweg zu erkennen – jetzt Teil des Weinwanderweges zur Festung Marienberg", sagt Dirk Eujen.

Seit 1644 staut das lange, schräg durch den Fluss verlaufende Würzburger Streichwehr den Main. „Durch das Anstauen des Wassers entstand eine Höhendifferenz von 1,20 Meter. Und die war Voraussetzung für den Antrieb der gleichzeitig gebauten Unteren Mainmühle an der Alten Mainbrücke", erklärt Eujen den Sinn der Maßnahme. Bei der einen Mühle sollte es nicht bleiben: 1670 kam am oberen Ende des Streichwehrs auf einer dort angelegten Bastion die „Obere Main-Schneid- und Gypsmühle" hinzu. An dieser Stelle existierte schon seit 1481 eine Wassermühle, die durch die Strömungskraft des fließenden Mainwassers angetrieben wurde. 1954 wurde sie im Zuge des Baus der heutigen Großschifffahrtsschleuse abgerissen. Eine dritte Mühle befand sich in einem Abzweig vom Umlaufkanal in einem Gebäude an der Burkarder Straße 36. Sie wurde bei dem schweren Bombenangriff vom 16. März 1945 (siehe Geheimnis 4) zerstört.

„Der Umlaufkanal hatte im Lauf der Zeit vielfältige Funktionen", erläutert Dirk Eujen. Zeitweise sei er auch der Schiffszubringer für einen Festungsaufzug gewesen (siehe Geheimnis 46). Und auch die 1798 von Johann Baptist Mahler gegründete Fürstbischöfliche Schönfärberei habe ihr Betriebswasser aus dem Umlaufkanal geholt. Sie warb mit den Worten: Man „färbt und reinigt nicht nur alle Damen-, Herren- und Kinder-Garderoben, sondern nimmt auch alle Arten von Imprägnierungen gegen Wasser (flamm- und feuersicher) und nicht zuletzt die Eulanisierung gegen Motten vor." In der Schönfärberei, erzählt Eujen, wurden Lederartikel, Wandbespannungen, Polstermöbel und Ähnliches behandelt. „Und das, womit gerade behandelt wurde, ist einfach über den Umlaufkanal in den Main entsorgt worden. Woraufhin das Gewässer die jeweilige Farbe des Färbemittels annahm." Und je nach der chemischen Zusammensetzung der in den Umlaufkanal geschütteten Abfallsubstanz „überlebten die Fische gerade noch und konnten später, gebacken oder gesotten, die aufgenommenen Substanzen fördernd weitergeben. Oder sie überlebten nicht und trieben dann oft massen-

Bei diesen drei Steinen handelt es sich um die Reste einer Brücke.

weise davon." Das, berichtet Eujen, habe er dem Buch „Würzburg, wie es früher war", von Jörg Lusin entnommen. Und es gebe noch viel mehr zu erzählen, sagt Eujen mit leuchtenden Augen, etwa vom ehemaligen Brauhaus Gabler in der Burkarder Straße und seinem stolzen Besitzer Anton Ludwig Gabler. Der habe das erste private Motorboot auf dem Main, das auf den Namen „Mignon" getauft war, besessen. „Der Liegeplatz befand sich in der Mündung des Umlaufkanals." Auch Geschichten aus dem Fischerviertel fallen Dirk Eujen ein: „Aufgabe der Fischer war es unter anderem auch, die beim Öffnen des Nadelwehres an der Alten Mainbrücke wegschwimmenden Verschlusshölzer wieder einzufangen und zurückzubringen."

An all das erinnern die drei Steine, auf die man sich – auch wenn sie etwas schmal sind – durchaus setzen und über Zeiten nachsinnen kann, als Fische Farbe speisten.

Eva-Maria Bast

So geht's zu den drei Steinen:

Die Steine befinden sich am Sockel des Bayerischen Verwaltungsgerichts in der Burkarder Straße 26.

02

Lola-Pförtle
Eine Mätresse mischt Würzburg auf

Wenn die kaum sichtbaren Linien an der Außenmauer der Würzburger Residenz tatsächlich alles wären, was die Tänzerin Lola Montez (1821–1861) hinterlassen hat, so wäre der Schaden gering. „Man erkennt nur schwer, dass es hier einmal eine Tür gab, die vom Inneren hinaus in den Residenzgarten führte", erklärt der Historiker Peter Süß. Er deutet auf die etwas helleren Quadersteine und die „Naht", an der sie ins Gebäude eingefügt wurden. „Angeblich wurde dieser Zugang zum Park im 19. Jahrhundert gebaut, damit Lola Montez, die Mätresse von König Ludwig I., unbehelligt mit ihrem Hund spazieren gehen konnte", sagt Süß. Warum der Durchgang nötig geworden sein könnte, ist eine lange Geschichte voller Lügen und Intrigen, voller weiblicher Reize und liebestoller Monarchen. In stark verkürzter Form geht sie so:

> „Man erkennt nur schwer, dass es hier einmal eine Tür gab, die vom Inneren hinaus in den Residenzgarten führte."

Eigentlich war die schwarzhaarige Frau namens „Lola Montez" die Tochter eines schottischen Offiziers und einer Kreolin. Sie wurde auf den schönen Namen Elisabeth Rosanna Gilbert getauft. Da das ihrem Ziel, die Bühnen Europas zu erobern, nicht unbedingt förderlich war, benannte sie sich im Alter von 22 Jahren in „Maria de los Dolores Porry y Montez" um und behauptete, sie sei die Tochter einer verbannten spanischen Adelsfamilie, Witwe eines hingerichteten Rebellen und Tänzerin. Damals war sie bereits einmal geschieden und hatte eine beträchtliche Zahl von Liebhabern mit ihrer Schönheit, ihrer Ausstrahlung und ihrem Temperament um den Verstand gebracht – unter anderem den Komponisten Franz Liszt (1811–1886).

Obwohl jeder Zuschauer auf den ersten Blick erkennen konnte, dass es mit ihren Tanzkünsten nicht sonderlich weit her war, schaffte sie es auf Bühnen in London, Dresden, Berlin, Warschau und Paris.

Peter Süß ist einer der wenigen Würzburger, die noch wissen, wo einst das Lola-Pförtle in den Residenzgarten führte.

15

Doch ausgerechnet in München wollte man sie nicht engagieren. „Das hat sie so geärgert, dass sie sich eine Audienz bei König Ludwig I. erschlich", erklärt Peter Süß. Lola Montez habe es dabei geschafft, dass während des Treffens scheinbar „aus Versehen" ihr Kleid platzte und sich ihre Brust teilweise entblößte. „Dem König gefiel offensichtlich, was er zu sehen bekam. Von dem Moment an war der 60-Jährige ihr hoffnungslos verfallen", sagt Süß schmunzelnd. Keinen Tag wollte der Monarch mehr ohne sie verbringen, schickte ihr Geschenke und Gedichte und schanzte ihr Auftritte im Münchner Hoftheater zu. Schon im Monat nach ihrem Kennenlernen änderte der Monarch sein Testament zu ihren Gunsten. Lola spann ihre Fäden, log, was das Zeug hielt, und stürzte im Laufe der Affäre mit dem König durch Falschaussagen und Intrigen nicht nur ein ganzes Kabinett. Vielmehr war sie mit ihrem schlechten Ruf und noch schlechteren Einfluss unter anderem ein Grund dafür, dass König Ludwig I. (1786–1868) im März 1848 abdanken musste.

An diesem Tor beschimpfte Lola Montez Soldaten und Würzburger, weil man ihr den Spaziergang mit ihrem Hund verweigerte.

Bevor es dazu kam, sorgte sie allerdings als ständige Begleiterin des Monarchen für Aufsehen, wohin auch immer sie reisten – auch in Würzburg. Als sie am 5. August 1847 mit dem kanzleilosen Juristen Dr. von Günther und ihrem Hund im Residenzgarten flanieren wollte, verbot ihr ein Wachposten am Tor beim Gesandtenbau den Zutritt. Tiere waren nicht erlaubt – das galt auch für die Mätresse des Königs, befand der rechtschaffene Mann und ließ sich weder durch Bitten noch durch Drohen erweichen. „Da muss Lola Montez dem armen Mann mehrere Backpfeifen verpasst und ihn wüst beschimpft haben", rekonstruiert Peter Süß das Geschehen an jenem

Morgen. Soldaten eilten herbei, ein Aufruhr entstand. Lola, wutentbrannt, schnauzte nicht nur den General von Hetzendorf, der in Zivil die Sache klären wollte, an, er solle sich erst mal eine Uniform anziehen. Sie verlangte außerdem von den Soldaten, ihre Kopfbedeckungen abzunehmen, wenn sie mit ihr, der Freundin ihres Obersten Kriegsherrn, sprachen. Schließlich fauchte sie, als sie noch einmal auf das Tierverbot hingewiesen wurde: „Dieser Garten gehört meinem Louis! Für mich gibt es kein Verbot!" Die Würzburger, die dem Schauspiel neugierig beiwohnten, beschimpfte sie als „chiens, canailles, jesuits" (Hunde, Canaillen, Jesuiten). Sie musste mit Personenschutz ins Hotel gebracht werden. Denn die Bürger hätten sie sonst angegriffen. „Man kann sich nur schwer vorstellen, was für eine eigenwillige Person das gewesen sein muss", resümiert Peter Süß.

Genau hier kommt nun das Lola-Pförtle ins Spiel. „Ungefähr zur gleichen Zeit wurde in der Mauer der Residenz ein Durchbruch zum Garten geschaffen. Also erzählte man sich, sein Zweck sei, solchen Aufruhr in Zukunft zu vermeiden. Durch die Tür hätte die temperamentvolle Geliebte mit ihrem Hund unbehelligt nach draußen gehen können", erzählt Peter Süß. Wahrscheinlich stimme diese Erklärung jedoch nicht, räumt der Historiker ein. „Aber die Würzburger haben sich schon immer schöne Geschichten überlegt. Und das ist eine davon." Denn tatsächlich hat Lola Montez vermutlich nie auch nur einen Fuß in die Residenz setzen dürfen – das wusste König Ludwigs Familie zu verhindern. So ist Würzburg in der Sache „Lola Montez" mit ein paar aufregenden Tagen und feinen Linien an der Außenmauer der Residenz davongekommen.

Heike Thissen

So geht's zum Lola-Pförtle:

Die Umrisse des so genannten Lola-Pförtles befinden sich an der Außenmauer der Würzburger Residenz. Man gelangt zu ihnen, indem man den Garten durch das Tor rechts des Residenzgebäudes betritt und entlang der Mauer läuft. An der ersten Ausbuchtung des Gebäudes unterhalb des Fensters, hinter dem Treppen zu sehen sind, befand sich einst der Durchgang.

03

Mordhof

Ein unliebsamer Hausname

D a stand doch mal was! Wer sich das Schild genau ansieht, erkennt es deutlich. Hier wurde so lange gewischt und gekratzt, bis nur noch das übrig war, was heute in goldenen Buchstaben auf rostrotem Hintergrund zu lesen ist: „Augustinerstrasse 13 seit anno 1620". Stadtrat Willi Dürrnagel kann die Leute gut verstehen, die hier versucht haben, ein Wort auszumerzen. „An dieser Stelle war einst der Hausname zu lesen, der auf ‚Mordhof' lautete", erklärt der passionierte Heimatkundler, „wer möchte schon gern in einem Haus leben, das so heißt?" Dabei ist die Erklärung für den „Mordhof" vielleicht gar nicht so blutrünstig, wie der Name vermuten lässt. „Es gibt mehrere Theorien dazu", sagt er. Die, die am besten zum Namen des Hauses passt, ist die folgende:

> „An dieser Stelle war einst der Hausname zu lesen, der auf ‚Mordhof' lautete."

„Das Gebäude hieß einst ‚Hof zum Schultheißen'", erläutert Willi Dürrnagel. Hier wohnte zunächst der Hofschultheiß, der über all jene Menschen Urteile sprechen durfte, die zum Bischöflichen Hof gehörten. Später, im 14. Jahrhundert, richtete er über die Gerber, Metzger und Gärtner der Pleich. Am Ende war er lediglich noch dafür zuständig, Frevel in Feld, Flur, Gärten und Weinbergen zu ahnden. Doch 1466 war Schluss mit dem „Hof zum Schultheißen". „In jenem Jahr ereignete sich ein besonders grausamer Mord, der sich tief ins Gedächtnis der Würzburger einprägte und dem Anwesen einen neuen Namen verpasste", weiß der Stadtrat. So berichtet der Autor Arthur Bechtold in seinem Buch „Kulturbilder aus dem alten Würzburg", dass zur damaligen Zeit der Gewandschneider Dietmar in dem Haus zur Miete wohnte. Er hatte einen Knecht fortgejagt, und das sollte ihm und seiner Familie zum Verhängnis werden. Denn jener verschmähte Knecht tat sich mit einem anderen Mieter namens

Heimatkundler Willi Dürrnagel kann die abgekratzte Schrift auf dem Schild erklären.

Brettträger zusammen, der Dietmar ebenfalls nicht leiden konnte. Sie beschlossen, dem Gewandschneider Schaden zuzufügen. „(…) sie wollten Dietmar, so er nit daheim wär, seine Kisten schwenken und

Bei genauem Hinsehen ist der Schriftzug noch zu erkennen.

ihm ein Schaden und Hohn beweisen", schreibt Bechtold. Doch was als vergleichsweise harmloser Anschlag geplant war, endete in einem Gemetzel. „Kaum hatte Brettträger dem Knecht und weiteren Helfern nachmittags das Tor zum Hof geöffnet, entdeckten sie Dietmars Familie. Und um nicht verraten zu werden, fielen sie kurzerhand über seine Frau, die sechsjährige Tochter, den elfjährigen Sohn und eine 16-jährige Magd her und schnitten ihnen die Kehlen durch", fasst Dürrnagel die tragische Geschichte zusammen. Erst drei Tage später wurden die Leichen gefunden, am selben Tag, als die Mörder sich mit Brettträger treffen wollten, um das bei dem Anschlag geraubte Geld aufzuteilen. Dietmar, der zu der Zeit auf Märkten unterwegs gewesen war und seine Ware feilgeboten hatte, überlebte die Attacke unbeschadet. So konnte er miterleben, wie den Mördern seiner Familie der Prozess gemacht wurde. „Brettträger soll schon unter der Folter gestorben sein, ohne auszusagen, wo das Geld versteckt worden war", führt Willi Dürrnagel die Schilderung der Geschehnisse fort. „Die anderen wurden nach dem Urteil öffentlich durch die Stadt geführt, mit glühenden Zangen gerissen und schließlich auf dem Galgenberg aufgehängt. Den Knecht als Anführer hat man gerädert."

Und noch eine zweite blutrünstige Geschichte rankt sich um die Augustinerstraße 13. In der „Neuen Fränkischen Chronik" aus dem Jahr 1809 schreibt Autor Franz Oberthür in seiner „Bildergallerie von

Fränkischen Landsleuten", die ehemalige Hausbesitzerin Maria Kählin „ward meuchelmörderisch in ihrem eigenen Hause mit mehreren Personen ermordet, daher das in der Augustiner oder Rittergasse gelegene Haus, sonst der Hof ‚zum Schultheis' genannt, den Namen: der Mordhof erhielt". 1620 soll ein Taglöhner aus dem nahen Rimpar die Witwe zusammen mit ihren sieben Kindern und den Hausgenossen getötet haben. „Diese Version ist aber vermutlich falsch, denn die Bezeichnung für das Haus lässt sich schon für 1565 nachweisen – also viele Jahrzehnte vor dem Mord an der Kählin und ihrer Familie", erklärt Dürrnagel.

Vielleicht, so seine Vermutung, ist die Herkunft des Namens „Mordhof" auch ganz und gar unblutig zu erklären: „Damals, Mitte des 16. Jahrhunderts, soll der Gebäudekomplex der angesehenen Würzburger Bürgerfamilie Mörder gehört haben. Sie könnte dem Haus seinen Namen gegeben haben." Wenn diese letzte – unblutige – Theorie stimmt, gäbe es also eigentlich keinen Grund, den Hausnamen mühevoll von einem Schild zu kratzen.

Heike Thissen

······································

So geht's zum Mordhof:

Das Schild, auf dem das Wort „Mordhof" entfernt wurde, hängt am Tor des Hauses Augustinerstraße 13.

04

Goldene Madonna

Ein Stück Frieden über dem Trümmerfeld

E s waren nur 17 Minuten. Aber als sie vorbei waren, hatte sich alles verändert. Eine – trotz des Zweiten Weltkrieges (1939–1945) – noch mehr oder weniger intakte Welt war plötzlich ein Trümmerfeld, wie man es sich schlimmer nicht vorstellen kann. Aus Hausbesitzern waren Obdachlose geworden, aus Kindern Waise, aus Eltern Männer und Frauen, die am Rande des Wahnsinns standen, weil sie das Wertvollste verloren hatten: ihre Kinder.

Den 16. März 1945 wird wohl niemand in Würzburg je vergessen. Weder die, die ihn erlebt haben, noch ihre Nachfahren. Was an jenem Tag geschah, hat sich ins Gedächtnis der Stadt geschrieben, teilt ihre Geschichte, wie Rolf-Ulrich Kunze in seinem Aufsatz „Würzburg 1945–2004" schreibt, in ein Vorher und ein Nachher.

Was an jenem 16. März geschah, das ist etwas, was viele Würzburger dem geschichtsinteressierten Fremden mit als Erstes erzählen. Aber wovon kaum noch jemand spricht – und was Stadtführer Horst Tony Walter sehr berührt – ist, dass der Turm der Marienkapelle den schweren Luftangriff überstanden hat. Und dass sich die goldene, von Jakob van der Auwera geschaffene Maria Immaculata auf der Spitze des Turms strahlend über dem zerstörten Würzburg erhob. „Ich habe das natürlich nicht selbst gesehen", sagt Walter, der erst lange nach dem Krieg geboren ist. „Aber einige Zeitzeugen haben mir davon erzählt." Es müsse, sagt der Stadtführer sichtlich ergriffen, ein skurriles Bild gewesen sein. „Über dem Trümmerfeld war alles voller Rauch." Rauch und Klagen. Das Leid der Stadt schlug über ihr zusammen. Und dann die Madonna. Die goldene Madonna. Frieden kündend. Mut spendend.

Vielleicht wirft manch ein Würzburger an diesem Abend des 16. März 1945, der „frühlingshaft mild" ist, wie Werner Dettelbacher schreibt, noch einen Blick hinauf um 19 Uhr, als der Kleinalarm kommt. Da sind Hunderte Bomber, die zu einem gemeinsamen Flug

Golden vor strahlend blauem Himmel:
die Madonna auf der Marienkapelle.

von London aus starteten, schon unterwegs, um Nürnberg und Würzburg anzugreifen. Die vielen Fachwerkbauten in Würzburg versprechen einen Feuersturm. Die Witterung ist günstig, die „No. 5 Bomber Group" hat schon Erfahrung, war sie doch auch beim schweren Angriff auf Dresden am 13. und 14. Februar 1945 beteiligt. Dass ihre Stadt in jener Nacht fast vollständig zerstört werden wird, ahnen die Menschen freilich noch nicht, während sie ihre Abendspaziergänge machen oder in den Kinos „Musik in Salzburg" oder „Eine Nacht in Venedig" anschauen.

Die Marienkapelle mit ihrem besonderen Turm.

Um 20 Uhr dann der Großalarm, um 21.25 Uhr beginnt die 17-minütige Zerstörung. Der Feind steckt das Zielgebiet mit Leuchtbomben an Fallschirmen, so genannten „Christbäumen", ab. Erst sind es vereinzelte Brände, die durch den Bombenhagel entstehen, dann geht der Plan der Angreifer auf: Das Feuer breitet sich aus, ein Flammensturm weht über die Stadt. Würzburg brennt lichterloh. „Manche hätten sich retten können, fürchteten aber, daß weitere Sprengbomben geworfen würden. Wer die Keller der engen Innenstadt nicht sofort verließ, das hinderliche ‚Notgepäck' wegwarf und zum rettenden Mainufer oder ins Glacis lief, verbrannte, erstickte an den Brandgasen, wurde vom herabstürzenden Gebälk, von der einbrechenden Kellerdecke erschlagen", schreibt Dettelbacher. 89 Prozent der Innenstadt werden zerstört, gerade mal sechs Häuser an der Juliuspromenade und eines in der Büttnergasse bleiben stehen. In den Randbezirken werden 68 Prozent vernichtet. Heidingsfeld trifft es mit 85 Prozent (siehe Geheimnis 50). Durchschnittlich spreche man von einer Zerstörung von 82 Prozent der gesamten Stadt, sagt Horst Tony Walter. „Knapp 22.000 Wohnungen und 35 Kirchen sind zerstört." Und mehr als 5000 Menschen sind tot. Und denen, die überlebten, schreibt Dettelbacher, nahm das 60 Kilometer weit sichtbare Flammenmeer, „ihre Erinnerungen und ihre Habe, ihre Geschenke und ihre Kunstwerke, ihre Bibliotheken und ihre kleinen aufgesparten Vorräte."

Einzelgräber gibt es nicht für die, die im Bombenhagel sterben. Im Dom sammelt man die Toten, bis sie in ein gemeinsames Grab gebracht werden. Der Würzburger Domkaplan Fritz Bauer schreibt: „Unter den Toten ist jedes Alter und Geschlecht vertreten, vom Säugling bis zum Greis. Es gibt unversehrte, blutige, zerquetschte, staubige, schwarze und verbrannte. Auch Teile von Leibern sind dabei."

„Die Geschichte der unmittelbaren Nachkriegszeit in Würzburg ist zu einem großen Teil Frauengeschichte."

Vielleicht hat das Bild der goldenen Madonna, die über allem strahlte, manch einen ermutigt, als das begann, was Rolf-Ulrich Kunze als eine der „erstaunlichen Wiederaufbaugeschichten Westdeutschlands" bezeichnet. Die schwer getroffenen Menschen stehen aus den Trümmerhaufen auf und beginnen damit, ihre Stadt wieder zu errichten. „Die Geschichte der unmittelbaren Nachkriegszeit in Würzburg ist zu einem großen Teil Frauengeschichte", schreibt Kunze. Bei der Räumung von 2,25 Millionen Kubikmeter Schutt hätten sie Schwerstarbeit geleistet. Und Dettelbacher vermerkt: „Hoch über dem ‚Grab am Main', wie die ausländische Presse Würzburg nannte, hocken diese Frauen auf einem Betondachboden und ‚putzen Steine' in der Sommerglut. Nur wenn genügend Backsteine aus den Trümmern geborgen werden, können einige Räume im Parterre ausgebaut werden."

Dr. Otto Schönberger war ab 1946 Student in Würzburg. Er beschreibt, was man sich heute nicht mehr vorstellen kann: „Vorerst aber sah man fast nur Ruinen, und erst allmählich wuchsen ein paar Wohnungen oder gar kleine Geschäfte zwischen den Mauern auf. Zettel oder Kreideinschriften verwiesen auf höhlenartige Behausungen in Hinterhöfen und abgedeckte Parterrewohnungen (...) Morgens und abends flimmerten kleine Lichter zwischen Bretterfugen, Ofenrohre, durch Wellblechdächer geführt, stießen Rauch aus, der träge zwischen Ruinenmauern zog, und in zehn Meter Höhe hing ein verrosteter Wasserboiler an verbogenen Rohren im Leeren, und ebenso ins Leere führten stehengebliebene Treppenhäuser." Trotz allem sei das Gesicht der Stadt erhalten geblieben, „und wer morgens vom Bahnhof durch die Kaiserstraße ging, sah die Festung tröstlich im Frühlicht". Und vielleicht auch die goldene Madonna auf der Marienkapelle.

Eva-Maria Bast

....
So geht's zur Goldenen Madonna:

Die Marienfigur befindet sich auf dem Turm der Marienkapelle und ist von mehreren Punkten der Stadt aus zu sehen. Die Marienkapelle steht am Marienplatz 7.

*Die mittelalterliche Form eines Kanaldeckels
ist in Würzburg noch zu sehen.*

05

Gullydeckel

Mit Füßen getreten und wenig beachtet

Wenn Wolf von Bodisco durch die Straßen geht, hält er den Kopf meistens gesenkt. Nicht, weil er ein besonders trauriger Mensch wäre, sondern weil ihn das, was er da auf dem Boden entdeckt, so fasziniert. Genauer gesagt sind es die rund 500 verschiedenen Würzburger Gullydeckel, die Wolf von Bodisco äußerst spannend findet. Besonders angetan hat es ihm der älteste Kanaldeckel der Stadt in der Theaterstraße aus der Zeit zwischen 1874 und 1881. „Davon gibt es nur noch ganz wenige", sagt er. „Hergestellt hat sie eine Firma, die heute keiner mehr kennt: Bohn & Herber, die diese Deckel bis zum Ersten Weltkrieg für ganz Würzburg produziert hat." In erster Linie, erzählt der Pensionär, habe die Firma in Würzburg Druckmaschinen fabriziert. „Aber sie hatten auch eine Eisengießerei und deshalb haben sie dann auch die Kanaldeckel gefertigt." Bis 1936 habe Bohn & Herber bestanden und sei dann von einer größeren Druckerei übernommen worden. „Diese Druckerei, Koenig & Bauer, gibt es heute noch, sie zählt zu den größten Firmen in Würzburg."

Bei seinem Blick nach unten bemerkt Wolf von Bodisco nicht nur Kanaldeckel und staunt darüber, wie viele verschiedene es gibt und wie kunstvoll sie gearbeitet sind. Er entdeckt auch andere Besonderheiten. Den tiefen Schlitz auf dem Kardinal-Döpfner-Platz zum Beispiel, der, wie er sagt, eine ähnliche Funktion hat wie ein Kanaldeckel. „Dort floss das Wasser hinein, so etwas gab es schon im Mittelalter, heute findet man das kaum noch." Und er sieht, dass der

Wolf von Bodisco kniet beinahe ehrfürchtig neben dem ältesten Kanaldeckel Würzburgs.

Asphalt an vielen Stellen sehr uneben ist. „Das liegt daran, dass früher in Würzburg fast alles gepflastert war und dann hat man einfach drübergeteert." Im Lauf der Zeit habe sich der Straßenbelag der Pflasterung angepasst.

Ein wenig wehmütig erzählt Wolf von Bodisco davon, dass rund 450.000 Quadratmeter der Würzburger Fläche kurz vor dem Ersten

Weltkrieg (1914–1918) gepflastert waren. „Das sind 60 Fußballfelder!", macht er deutlich. Diese Pflastersteine hätten Anfang des 20. Jahrhunderts einen Teil der Bäche Pleinach und Kürnach bedeckt, die noch bis ins 19. Jahrhundert frei durch die Stadt geflossen waren.

„Sie speisten 17 Mühlen und gaben vielen Handwerkern für ihre Tätigkeit notwendiges Wasser." Das Verschwinden der Bäche bedauert Wolf von Bodisco ebenso wie das sukzessive Verschwinden der historischen Kanaldeckel, die den heutigen Standards nicht mehr entsprechen, und das Verschwinden der Pflastersteine unter dem Asphalt.

„Die erste Asphaltierung in Würzburg fand 1894 statt", erzählt der Heimatforscher. Die zum Dom führende Straße habe man dann im Jahr 1900 mit Asphalt versehen. „Allerdings nur einen Streifen, damit man mit den Rädern drauf fahren konnte. Das muss wohl vorher eine unglaubliche Lärmquelle gewesen sein." Im Verwaltungsbericht der Stadt Würzburg ist dieses Ereignis natürlich festgehalten. Darin steht: „Besonderer Erwähnung bedarf ferner, daß im Jahre 1900 die Schönbornstraße als erste in hiesiger Stadt mit geräuschloser Pflasterung – Stampfasphalt – versehen wurde."

Wolf von Bodisco fotografiert und dokumentiert all diese Dinge mit Begeisterung: Kanaldeckel, Versorgungsdeckel, Schlitze und Pflaster, das sich durch den Asphalt drückt. Manchmal schreibt er beinahe poetisch über sie. In einem Artikel aus dem Jahr 1999 zum Beispiel: „Viele Kanaldeckel sind älter als Würzburger Bürger jemals werden, sie haben den Pferdehufen und Kutschenrädern standgehalten, sie überlebten, wenn auch oftmals mit sichtbaren Narben, die Würzburger Bombennacht vom 16. März 1945, und sie bereichern auch heute noch die Gehsteige und Plätze."

Eva-Maria Bast

⋯⋯⋯⋯⋯⋯⋯⋯⋯⋯⋯⋯⋯⋯⋯

So geht's zum Gullydeckel:

Der Kanaldeckel aus dem 19. Jahrhundert liegt vor dem Gebäude Theaterstraße 6. Der Schlitz befindet sich am Kardinal-Döpfner-Platz, schräg gegenüber der Hausnummer 9.

Umgedrehtes Wappen
Keine männlichen Nachfolger mehr

Da stimmt doch was nicht: Dieses Wappen steht definitiv auf dem Kopf! Und das, obwohl es sehr bedeutsam ist: Das umgedrehte Wappen befindet sich am Grabstein des Johann Philipp Freiherr Echter von Mespelbrunn (1646–1665). Das berühmteste Mitglied dieser Familie war Fürstbischof Julius Echter von Mespelbrunn (1545–1617). Und warum steht das Wappen nun auf dem Kopf? Domführer Günter Wohlfahrt kennt die Antwort: Es handle sich um ein Familiengrab, und „der letzte männliche Spross, der hier beerdigt wurde, war Johann Philipp Echter von Mespelbrunn". Mit ihm sei die männliche Linie des Geschlechts ausgestorben. Ein Wappen auf den Kopf zu stellen, bedeute in der Heraldik, dass es keine männlichen Nachkommen mehr gibt.

Das Grabmal mit dem umgedrehten Wappen.

„Die Familie stand größtenteils in Diensten des Mainzer Kurfürsten und Erzbischofs", ergänzt Elisabeth Nickel, die ebenfalls Domführerin ist. „Julius Echter hatte acht Geschwister."

Der Echter-Zweig im Spessart wird 1334 erstmals urkundlich erwähnt. Die Echter verdingen sich als Wald- und Bachförster und können zahlreiche Waldgebiete ihr Eigen nennen. Durch Fürstbischof Julius Echter von Mespelbrunn kommen sie nach Würzburg und weiten ihren Besitz in den Steigerwald und ins Württembergische aus.

Würzburg hat Julius Echter viel zu verdanken, unter anderem das Juliusspital 1579 (siehe Geheimnis 27) und die Universität 1582 sowie mehrere Kirchen und Schulen. Doch der Fürstbischof hatte auch

Günter Wohlfahrt und Elisabeth Nickel unterhalten sich über das Wappen.

dunkle, sehr dunkle Seiten und zog seinen Kurs eisern durch: Wehe dem, der ihm dabei nicht passte. Mit harter Hand führte er im Hochstift Würzburg die Gegenreformation durch. Protestanten, die an ihrem Glauben festhielten, mussten auswandern, und auch die Hexenverfolgungen nahmen unter seiner Herrschaft zu. In einem Bericht aus dem Jahr 1616 ist zu lesen, wie Echter „das Hexenbrennen im Frankenland angefangen, wie er dasselbe fort treiben, und das Ungeziffer gentzlich außrotten

„Die Familie stand größtenteils in Diensten des Mainzer Kurfürsten und Erzbischofs."

wil, und allbereit zu Geroltzhoffen starke Brände gethan, hinfüre alle Dienstag thun wil." Eine weitere dunkle Seite: Julius Echter vertrieb die Juden aus der Stadt.

Aufgrund der langen Regierungszeit (1573–1617) und der großen Bautätigkeit des Julius Echter finden sich in Würzburg viele seiner Wappen – richtig herum. Sein Wappen ist von drei Helmen gekrönt. Einer steht für die Familie Echter, einer für das Herzogtum Franken und einer für das Hochstift Würzburg.

Auf dem Grabmal befindet sich zentral das Stammwappen der Echter, Büffelhörner mit Schrägbalken und Ringe, sowie ein Helm. Dass das Wappen auf dem Kopf steht, ist irgendwie schlüssig: Damals stand die Welt für eine Familie wirklich Kopf, wenn männliche Linie ausstarb.

Eva-Maria Bast

So geht's zum umgedrehten Wappen:

Der Grabstein befindet sich am zweiten freistehenden Pfeiler auf der linken Seite, wenn man vom Eingang des Doms ins Innere schaut. Der Dom steht in der Domstraße 43.

Claudia Jüngling hat die Hufnägel in den Torbögen entdeckt.

Hufnägel

„Handwerkermüll" auf der Festung

Manchmal sind es die kleinen, unbedachten Taten, die Jahrhunderte fortwirken. Dass auf der Festung Marienberg beispielsweise Schmiede im ausgehenden Mittelalter Nägel in steinerne Torbögen schlugen, hatte damals vermutlich keinerlei tieferliegenden Grund. Aber heute, rund 500 Jahre später, sind die kleinen Eisenstifte mit ihren kantigen Köpfen noch immer zu sehen und erzählen eine Geschichte vom Leben in längst vergangenen Zeiten.

Museumspädagogin Claudia Jüngling hat die Eisennägel in den Bögen vor dem Scherenbergtor entdeckt. Immer wieder einmal weist sie Besucher auf die winzigen Relikte zwischen den Steinen der kolossalen Burg hin. „Ich finde es wichtig, dass man sich nicht von der Größe der Festung erschlagen lässt. Es ist besser, sie sich über viele kleine Details zu erobern – zum Beispiel über diese krummen Nägel." Sehr gut möglich, dass es sich hierbei um Hufnägel handelt. Sie vermute, sagt Claudia Jüngling, dass die Nägel zur Befestigung von Hufeisen bei Pferden dienen sollten, vom Schmied aber „verhauen" und deswegen einfach in die Mauer geschlagen wurden. „Man sieht sie kaum noch, weil schon mehrfach Putz auf sie aufgetragen wurde." Vermutlich stand vor dem Scherenbergtor einst eine so genannte „Esse", eine offene Feuerstelle mit Abzug, wie sie beispielsweise Schmiede benutzten. „Dann würde es tatsächlich Sinn ergeben, dass die Handwerker beim Behauen der Pferde krumm geschlagene Nägel einfach hier entsorgt haben", erklärt Claudia Jüngling. Vielleicht wollten sie sie später noch einmal verwenden. Vielleicht wollten sie das wertvolle Eisen sichern. Vielleicht wollten sie die Nägel auch einfach nur loswerden. Auf jeden Fall sind sie bis heute erhalten.

Welcher Schmied genau sie eingeschlagen hat? Darüber ist nichts bekannt. Vielleicht Meisterschmied Lorenz Wandereisen? Oder einer seiner Gesellen? Die hießen Jorg Schmiedt, Hans Wandereisen, Balthasar Wendeisen, Englert Zangenfeind, Hans Silbereisen, Jeremias und Linhart Rittereisen und Hans Grummnagel. „Sie alle lebten im Jahr 1573 auf der Festung, das ist überliefert", sagt Claudia Jüngling. Für Schmiede gab es unter den jeweiligen Fürstbischöfen offensichtlich viel zu tun.

Heike Thissen

So geht's zu den Hufnägeln:

Die Hufnägel sind am Ende des nördlichen Flügelbaus in die Rundbögen links vor dem Scherenbergtor eingeschlagen. Am besten sind sie am Pfeiler zwischen den beiden letzten Rundbögen vor der Brücke zu sehen.

Das Himmelbett samt Stuckateur.

08

Himmelbett

Ein Stuckateur macht sich's bequem

E in Himmelbett im Dom? Eigentlich kaum vorstellbar. Und trotzdem wahr. Die Schlafstätte zu entdecken, ist aber gar nicht so einfach. Sie ist nämlich keineswegs groß und prachtvoll, wie man sich Himmelbetten gemeinhin vorstellt, sondern klein und unscheinbar. Und sie ist auch nicht himmlisch weich, sondern irdisch hart. Dom-Kenner Fritz Hauck ist einer der wenigen, die wissen, was es mit dem Himmelbett auf sich hat und was das Bett mit den Figuren zu tun hat, die sich hoch oben im südlichen Seitenschiff befinden und den Eindruck erwecken, dass sie dieses Gewölbe stützen und tragen.

Zu Beginn des 18. Jahrhunderts, erzählt Hauck, waren 16 Stuckateur-Gesellen aus Italien unter der Leitung von Pietro Magno mit Stuckarbeiten im Dom betraut.

Sie sollten den mittelalterlichen Dom in ein prachtvolles barockes Gotteshaus verwandeln. „Und als sie mit ihrem Werk fertig waren, waren sie wohl ziemlich stolz", sagt Hauck. Deshalb hätten sie sich – vermutlich heimlich, denn der Bauleiter hätte ein solches Vorgehen sicher nicht geduldet – am Schluss der Arbeiten in den Gesichtern der gewölbestützenden Figuren, die auch als „Atlanten" bezeichnet werden, selbst verewigt. Mehr als 250 Jahre hingen sie dort friedlich, bis der Dom bei dem schlimmen Luftangriff auf Würzburg im März 1945 (siehe Geheimnis 4) schwer zerstört wurde. Das Hauptschiff und das nördliche Seitenschiff stürzten ein, das südliche, in dem sich die Stuckateure ein Denkmal gesetzt hatten, blieb stehen. „Nach dem Krieg, beim Wiederaufbau, hat man sich entschieden, die eingestürzten Gebäudeteile, also Hauptschiff und nördliches Seitenschiff, nicht mehr zu stuckieren. Die neue Schlichtheit sollte an die Zerstörung der Stadt und des Domes durch den Krieg erinnern und Mahnung für die Zukunft sein", erklärt Fritz Hauck. Das Querschiff,

Fritz Hauck findet die Geschichte um das Himmelbett hoch über seinem Kopf faszinierend.

die Apsis und das südliche Seitenschiff waren noch fast in ihrer ganzen Pracht erhalten, ein wenig war das Seitenschiff allerdings in Mitleidenschaft gezogen und die Gesichter der Atlanten durch die Hitze teilweise unkenntlich geworden. „Und nun haben die Stuckateure der Nachkriegszeit, die für die Sanierung verantwortlich waren, die Idee gehabt, ihre Gesichter auf die beschädigten ihrer Vorgänger zu setzen", erzählt Fritz Hauck. „Dem stimmte das Domkapitel aber nicht zu." Einer der jungen Stuckateure sei besonders enttäuscht gewesen und soll sinngemäß gesagt haben: „Dann verewige ich mich eben anders." Daraufhin, erzählt Hauck, habe der

> *„Und nun haben die Stuckateure der Nachkriegszeit, die für die Sanierung verantwortlich waren, die Idee gehabt, ihre Gesichter auf die beschädigten ihrer Vorgänger zu setzen."*

Mann das sehr kleine Himmelbett aus Stuck geschaffen und eine Abbildung von sich selbst hineingelegt. Und irgendwie sieht es gar so aus, als läge noch jemand neben ihm!

Ob die Geschichte wahr ist? Zwar war es üblich, dass Baumeister sich irgendwo in Kirchen ein Denkmal setzen. Dass sie dies aber ihren Gesellen genehmigten, ist schwer vorstellbar. Wenn, dann hätte es eben heimlich geschehen müssen. Wie auch immer: Schön ist die Geschichte allemal, denn der Geselle, der sich mit dem Himmelbett ein Denkmal schuf und sich selbst gewissermaßen hineinlegte, hat es dort sicher gemütlicher als seine restaurierten Kollegen aus dem 18. Jahrhundert, die Tag für Tag nach unten auf den Gang des Seitenschiffs blicken müssen.

Eva-Maria Bast

So geht's zum Himmelbett:

Das Himmelbett befindet sich im südlichen Seitenschiff, vom Eingang aus gesehen ganz am Ende im Bereich der Stufen rechts oben an der Wand.

09

Mesusa–Abdruck

Erinnerung an den Würzburger Rav

W ie viele Menschen mögen hier wohl Tag für Tag vorbeigehen, ohne das Relikt wahrzunehmen? Sie bewundern vielleicht die frühgotische Doppeltoranlage oder das barocke Hoftor der Bibrastraße 6. Aber nur die allerwenigsten werden feststellen, dass auf der rechten Seite dieses zweiten Tores ein Abdruck zu sehen ist. Und hinter dem verbirgt sich eine lange Geschichte.

„Diese Gegend hier war vor dem Zweiten Weltkrieg stark jüdisch geprägt, weil sich ganz in der Nähe die Hauptsynagoge der jüdischen Gemeinde in Würzburg befand", erklärt Dr. Josef Schuster, Vizepräsident des Zentralrates der Juden in Deutschland und Präsident des Landesverbandes der Israelitischen Kultusgemeinden in Bayern. Der Abdruck am rechten Torbogen bedeute, dass dort eine Mesusa angebracht gewesen sei, eine Pergamentrolle, die in einer Hülse stand. „Das ist noch heute das typische Zeichen eines Hauses mit jüdischen Bewohnern."

Der Ursprung der Mesusa liegt im Alten Testament. Im

> *„Das ist noch heute das typische Zeichen eines Hauses mit jüdischen Bewohnern."*

fünften Buch Mose geht es in Kapitel 6 um die Zehn Gebote. In Absatz 9 steht geschrieben: „ (…) und du sollst sie schreiben auf die Pfosten deines Hauses und an die Tore." So halten es gläubige Juden noch heute: An der Eingangstür zu ihrer Wohnung, aber auch an jeder Zimmertür – mit Ausnahme der Tür zur Toilette – hängt eine Mesusa, in den allermeisten Fällen im 45-Grad-Winkel. „Vor 300 Jahren waren sich die Gelehrten nicht einig, wie genau die Mesusa angebracht werden sollte: horizontal oder vertikal? Also entschied man sich für den Kompromiss mit der Schräge", sagt Josef Schuster.

War das Haus mit dem markanten Hoftor in der Bibrastraße also einfach ein Gebäude mit jüdischen Bewohnern? Nein. „Hier richtete

Josef Schuster deutet auf die Stelle, wo einst eine Mesusa hing.

der bis heute herausragende Rabbiner Seligmann Bär Bamberger 1864 die Israelitische Lehrerbildungsanstalt, die ILBA, ein", erklärt Josef Schuster. Bamberger (1807–1878), der auch als der „Würzburger Rav" bekannt ist, hatte die Ausbildungsstätte zuvor in der nahe gelegenen Kettengasse gegründet. Doch weil schon bald der Platz nicht mehr reichte, zog er um in die Bibrastraße 6. In der Zeitschrift „Der Israelit" beschreibt ein Reporter am 30. Oktober 1884 die Eröffnungsfeier und das Gebäude: „Dann ging es noch an die Besichtigung der Anstalt, die sich in allen ihren Theilen als schön und äußerst zweckmäßig präsentierte. Im Parterre befindet sich die Wohnung des Hausverwalters und die Turnhalle; im ersten Stock 2 Lehrsäle, 2 Arbeitssäle, das Vorstands- und Lehrerzimmer, das Krankenzimmer mit Badeeinrichtung, die Küche, der Speisesaal und ein Reservezimmer." Im

Von weitem ist der Abdruck am Torbogen kaum zu erkennen.

zweiten Stock seien neben der schön eingerichteten Synagoge auch die Schlafsäle und das Zimmer für den Hausdiener untergebracht, „welcher die Reinigung der Hauptplätze, der Lampen, der Kleider und Stiefeln zu besorgen hat."

Bamberger sei ein besonderer Rabbiner gewesen, berichtet Josef Schuster: „Er war zwar ein Verfechter des traditionellen Judentums.

Aber er wollte die Schriften nicht danach interpretieren, was sie verbieten, sondern danach, was sie erlauben. Er legte Wert auf eine positive Herangehensweise an das Alte Testament." Der Rabbiner führte die Einrichtung sehr erfolgreich. 1869 konnte er in einem Rechenschaftsbericht verkünden: „Die Anstalt wirkt nun seit 5 Jahren außerordentlich segensreich und hat bereits 22 Zöglinge in die Praxis entlassen, die nunmehr in 22 Gemeinden mit dem heilbringenden Geiste tränken, den sie in Würzburg in sich aufgenommen haben."

1931 zog die Einrichtung in die Sandberger Straße 1. Dort wird in der David-Schuster-Realschule noch heute gelehrt. Benannt nach dem ehemaligen Vorsitzenden der Jüdischen Gemeinde in Würzburg, erinnert das Gebäude an die Vergangenheit, als dort nicht Schüler, sondern künftige Lehrer die Schulbank drückten.

Heike Thissen

So geht's zum Mesusa-Abdruck:

Der Hauseingang, an dem der Abdruck der Mesusa am rechten Torbogen noch zu sehen ist, befindet sich in der Bibrastraße 6.

10

Friedhofsengel

Himmelsbote kündet von tragischem Schicksal

Diesen Engel auf dem Würzburger Hauptfriedhof kann man einfach nicht übersehen. Durch seine erhabene Größe und seine majestätische Schönheit ragt er zwischen den umliegenden Gräbern deutlich hervor. Doch das Geheimnis, warum er hier steht, behält er für sich. Nur wer des Polnischen mächtig ist, bekommt eine vage Vorstellung davon, was diesen besonderen Gottesboten hierher gebracht hat.

„Der Engel steht hier, obwohl an dieser Stelle gar kein Grab ist", erklärt Doris Jäger-Herleth. „Er ist ein Denkmal zur Erinnerung an den Tod der litauischen Fürstin Ludwika oder Luise Mirska." Die junge Frau war Mitte des 19. Jahrhunderts mit der Diagnose Gebärmutterhalskrebs nach Würzburg gekommen, um sich an den allerletzten Strohhalm zu klammern, der sich ihr bot. „Zu dieser Zeit muss es einen triftigen Grund gegeben haben, eine so lange und beschwerliche Reise auf sich zu nehmen. Und diesen Grund hatte sie: Sie ließ sich von Friedrich Wilhelm von Scanzoni behandeln, der damals ein sehr angesehener Gynäkologe war", hat Doris Jäger-Herleth in Erfahrung gebracht.

Doris Jäger-Herleth zeigt die polnische Inschrift, die auf dem Sockel unter dem Engel steht.

Doch alles Hoffen und Bangen half nichts: Die Krankheit war bereits zu weit fortgeschritten, als dass selbst der renommierteste Arzt der damaligen Zeit die Fürstin hätte retten können. Am 15. Februar 1859 starb sie in der Theaterstraße 24 im Alter von nur 33 Jahren. „Ihr Mann

Groß und beeindruckend steht der geheimnisvolle Engel auf dem Hauptfriedhof.

war am Boden zerstört über den Verlust. Er ließ seine geliebte Frau zwar in ihrer Heimat beerdigen, doch schuf er ihr hier in Würzburg eine Erinnerung, die die Jahrhunderte überdauert hat", sagt die Friedhofskennerin. All seine Trauer und seine Hoffnungslosigkeit steckte Fürst Adam Mirska in die Skizze des Engels, die er eigenhändig anfertigte. So kommt es, dass die Figur mit dem auf die Brust gepressten Kreuz und dem gen Himmel gewandten Blick kaum einen Betrachter kalt lässt. Der Witwer ließ den Himmelsboten in einer Berliner Zinngießerei anfertigen und auf dem Hauptfriedhof aufstellen – genau an der Stelle, wo er auch heute noch steht. "Für die damalige Zeit war das mit Sicherheit ein monumentaler Engel, der viel Geld gekostet hat. Das war absolut außergewöhnlich", stellt Doris Jäger-Herleth fest.

„Wenn du hier vorbeikommst, halte inne und gedenke der Seele von Ludwika."

Mit zwei Inschriften auf Polnisch ist das Postament versehen: „Ludwika, geborene Godlewski, Herzogin Swiatopelk Mirska, verließ diese Welt am 15. Februar 1859", ist vorn zu lesen. Auf der Rückseite steht sinngemäß: „Wenn du hier vorbeikommst, halte inne und gedenke der Seele von Ludwika." Wer also die polnische Sprache beherrscht, erhält einen kleinen Einblick in das Geheimnis, das mit dem Engel zusammenhängt. Allen anderen bleibt seine Bedeutung verborgen.

Heike Thissen

....

So geht's zum Friedhofsengel:

Zum Engel auf dem Hauptfriedhof an der Martin-Luther-Straße gelangt man, wenn man sich nach dem Haupteingang sofort rechts hält bis zur Abteilung 8. Dann biegt man links auf den Weg ein, der den Hügel hinauf führt. Dort, am Rand von Feld 7, ist der Engel nicht zu übersehen.

Zwar hat die Madonna keinen Stahlhelm und auch keinen Kochtopf mehr auf, aber Christine Hofstetter findet die Geschichte so amüsant, dass sie sich probehalber einen alten Emailletopf ihrer Oma aufsetzt.

II

Madonna

Maria musste einen Stahlhelm tragen

„Würzburg – Stadt der 1000 Madonnen." Seit um 1930 in einer Radiosendung über Würzburgs Marienfiguren berichtet wurde, darf sich die Main-Metropole so nennen. „Auf den ersten Blick wirkt es übertrieben, aber genauer betrachtet war der Titel nicht so weit von der damaligen Realität entfernt", sagt Christine Hofstetter, die sich bestens mit den Würzburger Madonnen auskennt. Auf zahllosen Streifzügen hat sie

45

nach ihnen gesucht und die Frauengestalten genauestens betrachtet. Eine hat es ihr ganz besonders angetan, auch, weil ihre Geschichte so ungewöhnlich ist. Es ist die Madonna in der Domerpfarrgasse, geschaffen von Jakob van der Auwera (1672–1760), von dem auch der Juliusspitalbrunnen stammt. „Nach dem Würzburger Madonnenforscher Dr. Rudolf Edwin Kuhn wird sie ‚Madonna mit Stahlhelm' genannt", sagt Hofstetter.

Und so geht die ungewöhnliche Geschichte: Bei dem schweren Luftangriff auf Würzburg am 16. März 1945 (siehe Geheimnis 4), wurde auch das Haus in der Domerpfarrgasse getroffen – die Mauer, an der die Madonna befestigt war, blieb aber stehen. „Am Haus führte ein Trampelpfad vorbei und herabfallende Mauerstücke hätten die Benutzer treffen können, deshalb musste die Mauer abgerissen werden", berichtet die Madonnen-Kennerin. Freilich wollte man nicht nur die Benutzer des Trampelpfades, sondern auch die Madonna schützen. „Dabei half ein Mitarbeiter des sogenannten ‚Kunstschutztrupps'", schmunzelt Christine Hofstetter. „Beim Wegpickeln des Mittelpfeilers des Fensters über der Madonna trafen trotz des vorsichtigen Vorgehens hin und wieder Steinbrocken die Madonna. Um noch größere Schäden zu verhindern, setzte der Mitarbeiter ihr einen Stahlhelm auf, den er in einem Keller in der Umgebung gefunden hatte."

„Guck emal, die Madonna mit em Stahlhelm! Jetzt hammse die aa no eingezoge ghabt!"

Was zur Belustigung von ausgebombten Passanten und dem Kommentar: „Guck emal, die Madonna mit em Stahlhelm! Jetzt hammse die aa no eingezoge ghabt!", führte. Der Kopf des Jesuskindes, das die Madonna im Arm hielt, wurde zunächst notdürftig mit einem Brett geschützt. „Aber später bekam das Jesuskind den Stahlhelm auf und das diademgeschmückte Haupt Mariens wurde mit einem Kochtopf abgedeckt", erzählt die Stadtführerin. Zur Gänze schützen konnten die einfallsreichen Kopfbedeckungen die Madonna mit dem Jesusknaben aber nicht. „Leider gingen trotzdem die Köpfe sowie ein Arm ab und mussten später restauriert werden."

War diese Madonna nun also tatsächlich eine von tausend? Vielleicht! „Rudolf Edwin Kuhn zählte vor dem Zweiten Weltkrieg 152

Hausmadonnen in Würzburg, wobei er allerdings nur das Gebiet innerhalb der zweiten Stadtmauer untersuchte und das Burkarder Viertel und einige Kirchen miteinbezog", sagt Christine Hofstetter.

„Dafür wurden von ihm die gotischen und neuzeitlichen Hausmadonnen nicht gezählt. Hinzu kommen noch zahlreiche Darstellungen der Heiligen Familie. Annähernd tausend", meint die Würzburg-Kennerin, „könnten es also durchaus gewesen sein." Sie vermutet, dass die Zahl Tausend bereits bis zum Ende des Fürstbistums im September 1802 erreicht worden ist, wenn man die Hausfiguren, die Madonnen in den Häusern, in Kirchen, Klöstern, Sammlungen und auf Bildstöcken in den Weinbergen zusammennimmt. Hofstetter zitiert Andreas Niedermayer, der in seiner „Kunstgeschichte der Stadt Würzburg 1860" schrieb: „Fast jedes Haus schmückte ein Madonnenbild. Vom höchsten Thurme der Burg schaute die Herzogin des Frankenlandes im goldenen Prachtgewand weithin in das gesegnete Land. Vom Thurm der Liebfrauenkapelle blitzt seit 1713 das vergoldete Bild. Es befan-

Die Madonna trug einst einen Stahlhelm.
Das Jesuskind auch.

den sich 1732 in der Stadt 33 Altäre mit Marienbildern und 320 Bildstöcke an den Häusern, von denen viele zur Nachtszeit mit Laternen erleuchtet waren; 140 Marienbilder waren über die Haustüren und an öffentlichen Plätzen wie auf Wände gemalt. Es ist keine Stadt in Deutschland, deren Häuser so reich mit Bildern in Relief, Rundfiguren und Gruppen versehen sind; keine, die so herrliche Lieder zu Ehren der Heiligen Jungfrau gesungen hat."

Diese „inzwischen leider dezimierte phänomenale Fülle" an Madonnen sei von dem Bedürfnis, das Haus unter Mariens Schutz zu stellen, beeinflusst worden, sagt Christine Hofstetter. „Die Würzburger, in einer Festungsstadt lebend, an der die Geschichte mit Heeren und Einquartierungen kaum einmal vorüberging, konnten einen Haussegen – wie Hausmadonnen und Hausplastiken in Altbayern genannt werden – stets gut gebrauchen."

Zurück zur Madonna mit dem Stahlhelm: Die Heiligenfigur wurde in ein Depot verbracht, dann verlor sich die Spur und sie galt als verloren. „20 Jahre später fand man sie jedoch in einem Gerümpelhaufen bei dem Hof, der zu dem Haus ihres ursprünglichen Standorts gehörte", erzählt Hofstetter. „Heute aber hat sie einen Ehrenplatz!" Wenn auch kaum noch jemand weiß, dass einst ein Stahlhelm und dann ein Kochtopf ihren Kopf zierte. Übrigens wird sie heute von einem Dächlein geschützt. Obwohl herabfallende Brocken eigentlich nicht mehr zu erwarten sind. Aber sicher ist sicher.

„20 Jahre später fand man sie jedoch in einem Gerümpelhaufen bei dem Hof, der zu dem Haus ihres ursprünglichen Standorts gehörte."

Eva-Maria Bast

So geht's zur Madonna:

Die Madonna hängt am Gebäude Domerpfarrgasse 10. Heute trägt sie aber keinen Stahlhelm mehr.

Heinz Braun (links) und Jochen Ohlhaut spazieren entspannt auf dem Uferweg.

12

Uferweg
Als Pferde noch die Schiffe zogen

Der Weg ist romantisch. Und er lädt zum Spazierengehen ein. Das tun die Würzburger, Heidingsfelder und ihre Gäste auch sehr gern, vor allem, wenn die Sonne hervorkommt und sich im Main spiegelt, der unmittelbar neben dem Weg verläuft. Zumal man sich in Würzburg erzählt, dass es sich um einen sehr geschichtsträchtigen Weg handelt. Einst soll es ein „Treidelpfad" gewesen sein, der gebaut wurde, damit die Schiffe zu Zeiten, als sie noch nicht motorisiert waren, durch den Main gezogen werden konnten.

„Auf Treidelwegen gingen Tiere und Menschen, die die Schiffe mit starken Seilen durch den Main zogen", erzählt der Heidingsfelder Heinz Braun. Natürlich wurden die Schiffe nicht stromabwärts gezogen, da genügte die Wasserkraft. Getreidelt wurde nur, wenn es mal stromaufwärts gehen musste. Oder wenn das Gewässer gestaut war oder aus anderem Grund eine unzureichende Strömung aufwies. Und der Main, schreibt die Tageszeitung Main-Post, sei „bis ins 19. Jahrhundert ein gemächlicher, seichter Fluss" gewesen, was „die Schifffahrt sehr behinderte. Unter dem Druck der Privatschiffer und Dampfschifffahrtsgesellschaften begann um 1820 die Regulierung. Das Flussbett wurde in der Mitte vertieft, Einbauten – sie wurden Buhnenfelder genannt – führten die Strömung zur Flussmitte und erhöhten die Fließgeschwindigkeit. Ab 1885 begann die Kanalisierung und Stauregulierung des Mains."

Jochen Ohlhaut, geschichtskundiger Heidingsfelder, räumt mit der Legende auf, dass es sich beim Heidingsfelder Uferweg um einen Treidelpfad handelt: „Treidelpfade gab es immer nur auf der anderen Uferseite, aber davon ist heute nichts mehr zu sehen", sagt er. Und als der Heidingsfelder Weg im Zuge der Mainkanalisierung 1912 gebaut wurde, wurde schon längst nicht mehr getreidelt. Denn ab Mitte des 19. Jahrhunderts hatte das Treideln Konkurrenz bekommen: Damals begann die Dampfschifffahrt auf dem Main. Durchsetzen konnte sie sich allerdings nicht, auch aufgrund des teilweise sehr niedrigen Wasserstands. Nach wenigen Jahren ging die Schifffahrt mit Raddampfern deshalb wieder zu Ende. Sie hatte dem Treideln also doch nicht ernsthaft Konkurrenz machen können. Die Kettenschifffahrt, die Ende des 19. Jahrhunderts aufkam, hingegen schon:

Um die Zeit des Niedergangs der Dampfschifffahrt kam die Eisenbahn ins Spiel und nahm der Schifffahrt viele Aufträge. Es galt, sich etwas einfallen zu lassen, um sich gegen den Schienenverkehr zu behaupten. Da hatte Heino Held, stolzer Besitzer der Mainzer Speditions- und Kohlenhandlung C.J.H. Held & Cie., die glorreiche Idee, die Kettenschifffahrt auf dem Main einzuführen. 1872 bildete

> *„Treidelpfade gab es immer nur auf der anderen Uferseite, aber davon ist heute nichts mehr zu sehen."*

sich ein Komitee aus Vertretern der an den Main angrenzenden Städte und Länder. Nach langen Verhandlungen wurden die Kettenboote schließlich im Jahr 1886 gebaut. Sie zogen mittels einer Kette, die auf dem Grund des Flusses verlegt war, sich selbst und mehrere Kähne, die an sie angehängt waren. 1898 gründete das Bayerische Königreich in Würzburg die Königlich Bayerische Kettenschleppschiffahrt-Gesellschaft (KBKS). Sie übernahm von der Mainkette-AG die Kette zwischen Aschaffenburg und Miltenberg und weitete sie auf insgesamt stolze 396 Kilometer aus. Doch auch mit dem Kettenschleppen ging es irgendwann zu Ende. Die Reichsbahndirektion Nürnberg schrieb 1935: „Das Verkehrsaufkommen bei der Kettenschleppschiffahrt auf dem Main ist in der 1. Hälfte dieses Jahres durch den Wettbewerb der Schraubenboote außerordentlich zurückgegangen, sodaß der Betrieb nahezu zum Erliegen gekommen ist und die Frage der völligen Auflassung des Unternehmens ins Auge gefaßt werden muß." Im Sommer darauf wurde die Bayerische Kettenschiffahrt vollständig eingestellt.

Als die Kette 1938 vom Grund des Mains gehoben wurde, war es mit dem Treideln jedenfalls schon lange vorbei. Und auf dem Heidingsfelder Uferweg mussten weder Mensch noch Tier jemals schwere Schiffe ziehen.

Eva-Maria Bast

....

So geht's zum Uferweg:

Der Heidingsfelder Uferweg führt am Heidingsfelder Mainufer entlang. Der ehemalige Treidelpfad verlief auf dem gegenüberliegenden Ufer am damals noch nicht kanalisierten Main.

13

Ulrich-Gedenktafel

Ein Leben für die Kartoffel

D ie Kartoffel ist allgegenwärtig: zu Brei gemanscht oder in der Schale gekocht, zu Klößen geformt oder in Stiften frittiert, in der Suppe püriert oder als Kartoffelpuffer gebraten. Es gibt unendlich viele Rezepte und Zubereitungsarten. Doch die Menschen des 18. Jahrhunderts wussten nichts vom Nährwert der Knolle. Einer, der das zumindest in der Würzburger Region ändern wollte, war Philipp Adam Ulrich (1692–1748). Und deshalb steht in der Kirche St. Peter und Paul im Peterviertel eine weitgehend unbekannte Gedenktafel, die an ihn erinnert.

„Ulrich war seiner Zeit ziemlich voraus", erklärt Kirchenführer Harald Kilian. „Die Kartoffel war im Hochstift Würzburg noch nicht verbreitet. Man schätzte sie bestenfalls als Zierpflanze wegen ihrer weißen Blüten." Zwar hätten durchaus einige versucht, die Pflanze zu essen. Doch sie nahmen die Blüten des Nachtschattengewächses anstelle der Knollen und handelten sich schwere

„Die Kartoffel war im Hochstift Würzburg weitgehend unbekannt. Man schätzte sie bestenfalls als Zierpflanze wegen ihrer weißen Blüten."

Lebensmittelvergiftungen ein. „Kein Wunder, dass die Leute sehr skeptisch waren und dachten, die Kartoffel wäre Teufelszeug. Erst recht, weil sie auch in der Bibel nicht erwähnt ist", erzählt Harald Kilian schmunzelnd.

Philipp Adam Ulrich arbeitete mit Hochdruck gegen diesen schlechten Ruf an. Der Juraprofessor, dessen Vater Weinbauer war und der deshalb ein Interesse für den Ackerbau mitbrachte, experimentierte unter anderem auf dem Gelände des heutigen Stadtteils Hubland mit der Pflanze. Er hatte dabei durchaus im Sinn, den Speiseplan der Franken zu bereichern – wenn er auch bestimmt noch nicht an Pommes oder Kroketten dachte. Dort auf dem Gelände der

Harald Kilian kennt die Bedeutung der Gedenktafel in St. Peter und Paul. Und er weiß, dass sie etwas mit Kartoffelbau zu tun hat.

ehemaligen Leighton Barracks steht noch heute eine Statue der Muttergottes aus dem Jahr 1737, vor der Ulrich für seinen Erfolg in Sachen Kartoffelanbau gebetet haben soll. Auf dem Sockel des „Kartoffeldenkmals", wie es inzwischen genannt wird, befindet sich seit 1819 auch ein Verweis auf die Steintafel in St. Peter und Paul: „Wünschest du übrigens genaues zu wissen (…) so besuche seine Grabstätte zu St. Petern in Würzburg. Dort steht es im Steine geschrieben mehr noch wird im Drucke seine Lebensgeschichte von ihm dir sagen."

Die Inschrift erinnert an den „Kartoffelprofessor" Philipp Adam Ulrich.

Warum ausgerechnet in St. Peter und Paul?

„Ulrich hat 1717 in dieser Kirche geheiratet", weiß Harald Kilian. Doch seine Frau starb bereits zwei Jahre später bei der Geburt des zweiten Kindes. Und auch die beiden Töchter wurden nicht alt. Für den Rest seines Lebens soll er unter diesen schmerzlichen Verlusten gelitten und sich immer mehr auf den Ackerbau konzentriert haben. Mit großem Erfolg. Denn Ulrich experimentierte nicht nur mit Erdäpfeln, sondern auch mit Klee. Während andere Bauern mit Müh und Not ihre Kühe über die Runden brachten, wuchsen und gediehen Ulrichs Rinder prächtig. Sie fraßen sich am Klee satt und gaben so viel Milch, dass Ulrich sie sogar bis nach Schweinfurt verkaufen konnte und damit ein reicher Mann wurde. Die Kartoffel hingegen trug nichts zu seinem Einkommen bei. Zu groß war die Skepsis seiner Landsleute.

Diese mussten erst Hunger leiden, bevor sie sich an die Kartoffelknolle wagten. Als rund 50 Jahre nach Ulrichs Tod die Napoleonischen Kriege (1799/1815) die Versorgung mit Lebensmitteln beeinträchtigten und noch dazu Missernten eintraten, besannen sie sich auf die Kartoffel und stellten fest, dass sich von dieser nicht nur Tiere, sondern auch Menschen ganz hervorragend ernähren können. Schon bald wurden Kartoffeln in ähnlichem Umfang angebaut wie Getreide. „Kartoffelprofessor" Ulrich hätte sich wohl sehr über diese Entwicklung gefreut, wenn er sie denn noch miterlebt hätte.

Heike Thissen

....

So geht's zur Ulrich-Gedenktafel:

Die Tafel, die an den „Kartoffelprofessor" erinnert, steht in der Pfarrkirche St. Peter und Paul im nördlichen Seitenschiff neben dem Beichtstuhl. Die Kirche befindet sich am Peterplatz.

Horst Tony Walter betrachtet den Löwen.

14

Löwe

Ein Loch im prächtigen Hintern

Es ist eindeutig: Einer der vier bronzenen Löwen, die majestätisch an den Zugängen der Ludwigsbrücke sitzen, hat ein Loch im Po. Das wäre ja an sich nichts Ungewöhnliches, aber das Loch säße, wenn es der Ausscheidung dienen sollte, nicht an der richtigen Stelle. Es befindet sich in der rechten Pobacke des mächtigen Tieres – und dahinter steckt eine tragische Geschichte. „Wegen des schweren Bombenangriffs am 16. März 1945, bei dem fast die ganze Stadt zerstört wurde, wird gerne vergessen, dass es schon zuvor Angriffe gab. Und bei einem solchen Angriff entstand das Loch im Löwenpo", erzählt Stadtführer Horst Tony Walter. Schon am 4. Februar im letzten Kriegsjahr griffen britische „Mosquito-Jagd-bomber" die Ludwigsbrücke an.

Nicht nur im Löwenpo, auch auf der Außenseite des Brückengeländes sind noch Einschusslöcher zu sehen. „Diese Mosquito-Bomber waren für die deutsche Luftverteidigung nahezu unangreifbar", sagt Walter. „Sie waren aus Holz gebaut, hatten sehr gute Höhenflugeigenschaften und eine Fluggeschwindigkeit von mehr als 600 Kilometern in der Stunde." Bei

Hier stach ein „Mosquito" den Löwen ins Gesäß.

dem Februar-Angriff auf die Ludwigsbrücke gab es 20 Tote. „Ein Mosquito flog in den Bezirk Grombühl, dort starben zehn Menschen", sagt der Stadtführer. „Eine dritte Maschine stürzte zum Glück der Würzburger aufgrund technischer Probleme in Belgien ab." So heißt es auch im Einsatzbericht der Royal Air Force: „50 Mosquitos to Hannover, 12 to Dortmund, 4 to Magdeburg and 3 to Würzburg." Und: „2 Mosquitos lost, 1 each from the Hannover and Würzburg raids." Insgesamt wurden zwischen 1940 und 1950 über 7700 Mosquitos gebaut.

Einer dieser „Mosquitos" stach den Würzburger Löwen also sinnbildlich in den Po. Was damals in einer für Würzburg schrecklichen Zeit entstand, könnte heute gewissermaßen als Mahnmal für den Frieden betrachtet werden.

Eva-Maria Bast

So geht's zum Löwen:

Der Löwe mit dem Loch im Po befindet sich auf der Ludwigsbrücke, im Volksmund auch „Löwenbrücke" genannt, auf der der Innenstadt zugewandten Seite. Wenn man über die Ludwigsbrücke in die Stadt geht, kann man das Loch auf der rechten Seite im Löwenpo sehen.

15

Zobelsäulen

Andenken an einen verwerflichen Plan

D ie Zobelsäulen stehen gut sichtbar am Platz der Fischerzunft, an der Tellsteige und unterhalb des Schönborntores der Festung Marienberg. Doch die Spaziergänger, die von der Alten Mainbrücke kommen und hinauf zur Festung wollen, haben kein Auge für sie. Zu anstrengend ist der Aufstieg, zu flach geht der Atem nach den steilen Stufen. Dabei erinnern die drei Zeugen aus Stein eindrücklich an die Geschichte von Fürstbischof Melchior Zobel von Giebelstadt (1505–1558). In dieser geht es um Klüngel, Raub und einen Mord, der – wenn man den Tätern glaubt – so nie hätte stattfinden sollen.

Melchior Zobel von Giebelstadt stammte aus einer anerkannten fränkischen Adelsfamilie und wurde am 19. August 1544 zum Fürstbischof von Würzburg gewählt. Schon vier Jahre zuvor hatte er das Amt angestrebt, doch da hatte ein gewisser Wilhelm von Grumbach (1503–1567) seine Wahl verhindert. „Dieser Grumbach war ein einflussreicher Hofmarschall, Reichsritter und Landsknechtsobrist", erklärt der Geschichtskenner Hans Winzlmaier, der ebenso wie der Ritter aus Rimpar stammt. Die Wahlbeeinflussung habe der damals gewählte Fürstbischof Konrad IV. von Bibra (1490–1544) dem Reichsritter von Grumbach nicht nur mit dem Amt des Hofmarschalls gedankt, sondern auch mit 10.000 Gulden. Als Bibra jedoch vier Jahre später starb und Zobel nun endlich doch zum Bischof gewählt wurde, war es schon bald eine seiner Amtshandlungen, das wertvolle Geldgeschenk zurückzufordern. Doch dabei blieb es nicht: Zobel verärgerte seinen alten Widersacher noch weiter, indem er neun Jahre später dessen Besitztümer wegen Untreue und Landfriedensbruch beschlagnahmen ließ. Kein Wunder, dass Grumbach auf Rache sann! Doch bis er die Chance dazu bekam, sollten noch weitere fünf Jahre vergehen.

„Am 15. April 1558 ritt der Fürstbischof morgens um sieben Uhr von der Festung herunter und begab sich in seine Kanzlei in der Stadt",

Hans Winzlmaier schaut nachdenklich hinauf zur Inschrift auf der Zobelsäule an der Zeller Straße.

beginnt Hans Winzlmaier seine Ausführung über die Geschehnisse jenes Freitags. Während Zobel seinen Geschäften nachging, hätten sich zwölf Reiter – als Kaufleute verkleidet – in einem Gasthaus im heutigen Mainviertel versammelt. Geschickt worden waren sie von keinem Geringeren als Wilhelm von Grumbach. „Als sich der Fürstbischof mit seinen Begleitern Richtung Festung aufmachte, gaben Kundschafter den Reitern ein Zeichen. Sie saßen auf, ritten ans Ende der Alten Mainbrücke und drängten sich an Zobel heran", sagt Winzlmaier. Er fügt schmunzelnd hinzu: „Von diesem Moment an gibt es zwei Versionen – die Würzburger und die Grumbacher Version."

Die Würzburger Version geht von einem kaltblütigen Mord aus, dessen Auftraggeber Wilhelm von Grumbach war. Demnach soll einer der Reiter unter seinem Wams eine Pistole hervorgezogen haben. Mit den Worten „Pfaffe, du musst sterben", habe er auf den Fürstbischof gezielt und ihm in die Brust geschossen. Ein anderer habe „schießt alle tot, lasst keinen leben" geschrien, woraufhin eine wilde Schießerei entstanden sei. Das alles habe an der Stelle stattgefunden, wo heute die Zobelsäule in der Zeller Straße steht.

In der Grumbacher Version hingegen war es nie die Absicht der Angreifer, den Fürstbischof zu töten. „Sie wollten ihn vielmehr gefangen nehmen und erpressen", erklärt Hans Winzlmaier, „schließlich wollte Grumbach sein Hab und Gut wieder zurückhaben." Vielleicht hatten die Männer im Wirtshaus zu tief ins Glas geguckt, sodass die Entführung misslang. Im Gerangel mit den Begleitern jedenfalls habe sich „aus Versehen" ein Schuss aus einer Pistole gelöst. Erst daraufhin hätten auch die anderen Entführer zu schießen begonnen. Winzlmaier hält diese Darstellung für die glaubwürdigere: „Ein toter Fürstbischof hätte Grumbach doch gar nichts genutzt."

„Ein toter Fürstbischof hätte Grumbach doch gar nichts genutzt."

Darin, wie die Geschichte zu Ende geht, sind sich beide Varianten dann wieder einig: Der schwer verletzte Fürstbischof gab seinem Pferd die Sporen und preschte den Berg hinauf Richtung Festung. Doch die Verletzung in der linken Brust war so schwer, dass ihn auf halbem Weg seine Kräfte verließen. Hier steht heute die zweite Zobelsäule. Helfer hoben ihn vom Pferd und versuchten, ihren höchsten Herren in die Festung zu tragen. Doch jede Hilfe kam zu spät. Unterhalb des Schönbornтores, wo heute die dritte Zobelsäule steht, starb Melchior Zobel von Giebelstadt, nachdem ein Priester ihm die Absolution erteilt hatte.

Sein Nachfolger Friedrich von Wirsberg (1507–1573) ließ bald darauf die drei Säulen aufstellen. Zwei von ihnen erzählen auf Bronzetafeln von dem Mord. Dabei ist die Inschrift so verfasst, dass die Anfangsbuchstaben der Zeilen zusammen den Namen „Melchior Zobell" ergeben. Die mittlere der Säulen ist in Form eines Bildstocks gestaltet. Doch nicht nur darum kümmerte sich der neue Fürstbischof. Er ließ außerdem einige Gefolgsleute Grumbachs, die bei dem Überfall auf Zobel erkannt wurden, gefangen nehmen, foltern und hinrichten. Grumbach selbst bekam er nicht zu fassen, weil dieser sich nach Frankreich abgesetzt hatte.

Dennoch ereilte ihn dasselbe Schicksal wie seine Männer, aber erst viele Jahre später. Weil er am 4. Oktober 1563 zusammen mit 800 Reitern und 500 Fußsoldaten Würzburg überfallen hatte, um sich den Besitz zurückzuholen, den Zobel ihm genommen hatte, wurde er am 18. April 1567 auf dem Marktplatz von Gotha bei lebendigem Leib geviertelt. „Im Bericht über die Hinrichtung steht außerdem, dass ihm der Scharfrichter die Brust geöffnet, das Herz herausgerissen und es ihm ins Gesicht geschlagen habe mit den Worten ‚Sieh hin, Grumbach, dein falsches Herz'", bringt Hans Winzlmaier die Geschichte des Wilhelm von Grumbach und dem Mord an Fürstbischof Melchior Zobel von Giebelstadt zu Ende.

Heike Thissen

··

So geht's zu den Zobelsäulen:

Die erste der drei Zobelsäulen steht an der Zeller Straße auf dem Platz der Fischerzunft, auf Höhe der Zeller Straße 13. Die zweite befindet sich oberhalb der Tellsteige und die dritte vor der Festung Marienberg in der Nähe des Schönborntores.

Werner Scheller wirft seine Briefe besonders
gerne in den historischen Postkasten.

16
Blauer Postkasten
In Erinnerung ans Königreich Preußen

E r fällt auf – weil er so schön und so ungewöhnlich ist. Auf den ersten Blick wirkt es, als sei er nur zur Zierde aufgehängt worden, eben wegen seines besonderen Aussehens. Betrachtet man ihn dann aber genauer, stellt man fest, dass er tatsächlich noch funktionstüchtig ist. Wovon die Rede ist? Von dem prachtvollen blauen Postkasten, der in der Langgasse an der Seitenwand des Rathauses hängt. Dass er noch im Einsatz ist, ist schön, beantwortet aber nicht die Frage, warum dieser blaue Briefkasten dort hängt – gemeinhin sind Postkästen doch gelb und eher schlicht gehalten. Die Antwort findet sich bei Werner Scheller. Nach 50 Jahren als Post-Mitarbeiter ist er heute zwar im Ruhestand. Doch noch immer sagt er von sich: „In meinen Adern fließt gelbes Blut." Kein Wunder, dass ihm seine Kollegen zu seinem 70. Geburtstag 70 Briefmarken mit seinem Konterfei darauf schenkten.

Der Briefkasten sei um das Jahr 1984 herum angebracht worden, erzählt Werner Scheller, der in seinen letzten Berufsjahren als

„In meinen Adern fließt gelbes Blut."

Präsident für den Geschäftskundenbereich zuständig war. „Der damalige Bundesminister für Post- und Fernmeldewesen, Christian Schwarz-Schilling, hat sich gedacht, dass an historische Stätten auch historische Briefkästen hingehören." Deshalb habe der Postminister 50 Nachbildungen eines Briefkastens von 1896 anfertigen lassen. „Das historische Vorbild wurde seinerzeit im Königreich Preußen gefertigt." Dass einer dieser 50 Briefkästen nach Würzburg kam, ist Werner Scheller zu verdanken: „Ich war zu dieser Zeit Öffentlichkeitsarbeiter der Würzburger Post und dachte: So einen Briefkasten müssen wir unbedingt haben", erzählt er. Der damalige Oberbürgermeister Dr. Klaus Zeitler sei „auch gleich Feuer und Flamme" gewesen, gemeinsam habe man einen Brief aufgesetzt, „in dem wir die Alte Mainbrücke, den Marktplatz und das Rathaus verbal zum größten historischen Denkmal Deutschlands machten", sagt Scheller, dessen Augen auch 30 Jahre später noch vor Begeisterung leuchten, wenn er davon erzählt. Das Schreiben war von Erfolg gekrönt: Der Antrag wurde positiv beschieden, der fast 100 Kilo schwere Briefkasten mit riesigen Dübeln an der Rathauswand befestigt. Damals wie heute freut sich Werner Scheller, wenn er an dem Postkasten vorübergeht. Und seine Briefe wirft er hier ganz besonders gerne ein.

Eva-Maria Bast

So geht's zum blauen Postkasten:

Der historische Postkasten befindet sich in der Langgasse, an der Seitenwand des Rathauses, gegenüber der Sparkasse.

63

RATHAUS

17

Revolution im Rathaus

Ein Aufstand für die Marmelade

*E*s gibt Tage, da ist viel los rund ums Würzburger Rathaus. Wenn das Theater-Ensemble auf der Sommerbühne im Efeuhof seine Stücke aufführt beispielsweise. Oder auch, wenn sich mehrere Stadtführungen gleichzeitig am Grafeneckart treffen, um die reiche Geschichte des Gebäudes und der Stadt zu vermitteln. Doch all das ist nichts im Vergleich zu der Menschenmenge, die sich im Juni 1920 an selbiger Stelle versammelte und Teil dessen wurde, was als „Würzburger Blutmontag" in die Geschichte einging.

Der Würzburger „Nachtwächter" und Rechtsanwalt Wolfgang Mainka kann erklären, wie es zu dem Aufstand kam, den er auch „Marmeladenrevolution" nennt: „Die Würzburger zahlten im Ersten Weltkrieg einen hohen Blutzoll. 4238 gefallene Soldaten, 1000 Vermisste und unzählige Verwundete waren 1918 zu beklagen, als das Grauen endlich ein Ende fand." Doch danach ging der Kampf ums Überleben weiter: „Das Essen war knapp und das Geld nichts mehr wert, es herrschten Chaos und Anarchie", sagt Mainka. Die Inflation trieb zudem die Preise in schwindelerregende Höhen.

> **„Das Essen war knapp und das Geld nichts mehr wert, es herrschten Chaos und Anarchie."**

„Und so kam es, dass sich mehrere Hausfrauen zusammenrotteten, die wegen der Lebensmittelknappheit keinen Zucker für ihre Marmelade hatten, und nach Grombühl zogen, wo sie größere Vorräte vermuteten", erklärt Mainka. Es ging das Gerücht, städtische Beamte hätten den Zucker, der eigentlich für die Bevölkerung gedacht war, bereits unter der Hand verkauft. Die aufgebrachten Würzburger fanden in Grombühl nichts vor, woraufhin sie zurück in die Innenstadt vors Rathaus gingen. Dort forderten sie mehr Zucker und niedrigere Lebensmittelpreise. Der Erste Bürgermeister Andreas Grieser (1868–

Wolfgang Mainka platziert Zucker und Marmelade auf dem Rathausschild und erinnert damit an die Marmeladenrevolution von 1920.

1955) verhandelte mit der Landeszuckerstelle und suchte das Gespräch mit den Demonstrierenden. Dennoch eskalierte am Nachmittag des 28. Juni 1920 die Situation. Die Menschenmenge plünderte Warenhäuser und Lebensmittelgeschäfte und ließ sich auch vom Zweiten Bürgermeister Hans Löffler (1872–1955) nicht beruhigen, woraufhin sich die Reichswehr im Rathaushof sammelte und prompt zu den Waffen griff. Zwei Menschen wurden dabei getötet – angeblich, weil sie von Abprallern getroffen wurden.

Am 30. Juni erschien im Fränkischen Volksblatt ein Bericht, der mit „Der Stadtrat" unterzeichnet war und die Geschehnisse aus Sicht von Bürgermeister Grieser schilderte: „Den ganzen Tag bekundeten Bürgermeister und Stadträte in Verhandlungen und Bewilligungen besten Willen. (…) Kommunistische Aufwiegler, zum Teil von auswärts, benutzten aber auch diese Gelegenheit zur wilden Verhetzung." Verbrecher hätten die aufgebrachte Menge zu verhängnisvollen Taten aufgewiegelt und „Gesindel" zum Sturm gegen Warenhäuser und das Rathaus getrieben. Grieser schreibt von „russischem Kommunismus", der der Stadt in diesen Stunden gedroht habe. Und er warnt vor weiteren Aktionen: „Wer sich an Zusammenrottungen beteiligt, begibt sich in Lebensgefahr", so das klare Signal an die Würzburger Bürger.

Damit war die Marmeladenrevolution endgültig zerschlagen. Die Hausfrauen gingen ohne Zucker nach Hause. Dass es in diesem Jahr keine Marmelade gab, war vermutlich eines ihrer kleineren Probleme.

Heike Thissen

So geht's zum Rathaus:

Das Würzburger Rathaus, wo die entrüsteten Hausfrauen protestierten, steht in der Stadtmitte „Beim Grafeneckart". Der Tumult fand auf der Rückseite Richtung Rückermainstraße statt.

Ludwig Siebert ist auf der Festung Marienberg an der Roßschwemme verewigt.

18

Siebert-Inschrift
Versteckte Ehre für den Förderer

D ie Roßschwemme im zweiten Burghof der Festung Marienberg ist ein echter Hingucker. Wer sich über die Steinbrüstung lehnt, kann sich hervorragend vorstellen, wie einst die Pferde die Stufen hinabgeführt wurden, um unten im Becken ein kühlendes Bad zu nehmen. Denn nichts anderes bedeutet ja der Name. Oder?

Tatsächlich hat hier wohl nie ein Pferd gebadet. Museumspädagogin Claudia Jüngling kann gut erklären, woran man das erkennt: „Wer römische Jahreszahlen lesen kann, sieht sofort, dass es sich nicht um die originale Pferdeschwemme

„Die heutige Roßschwemme ist nur eine Kopie der ursprünglichen Anlage.“

handelt.“ MCMXXXIX steht dort: 1939. Dass das Badebecken für Pferde ausgerechnet im Nationalsozialismus wiederaufgebaut wurde, ist kein Zufall. Und auch hierauf gibt es einen Hinweis, dieses Mal auf der verborgenen Rückseite der Säule: „Ludwig Siebert“.

„Die heutige Roßschwemme ist nur eine Kopie der ursprünglichen Anlage“, merkt Claudia Jüngling an. Obwohl das Becken zum Waschen der Tiere in einem Kupferstich von 1603 eingezeichnet ist, hielten sich die nationalsozialistischen Bauherren beim Wiederaufbau Ende der 1930er-Jahre nicht an die Vorlage. „Wahrscheinlich hat Rudolf Esterer, der damalige Baureferent der Bayerischen Verwaltung der staatlichen Schlösser, Gärten und Seen, den Neubau der Schwemme so entworfen, wie er ihn hübsch fand, und nicht so, wie er historisch einmal ausgesehen hat“, vermutet die Museumspädagogin. Und hier kommt die Siebert-Inschrift ins Spiel. Denn der Mann, der von 1933 bis zu seinem Tod 1942 bayerischer Ministerpräsident war, sorgte in seiner Eigenschaft als Finanzminister – denn diesen Posten bekleidete er parallel ebenfalls – dafür, dass großzügige Geldsummen für die Erneuerung der Festung Marienberg bereitgestellt wurden.

Auf der Rückseite der Säule an der Rossschwemme ist die Siebert-Inschrift angebracht.

„Der Festungsführer von Heinrich Kreisel aus jener Zeit zeigt sehr gut, warum man die Festung umgebaut hat", sagt Claudia Jüngling. Dort ist zu lesen, dass sich erst nach der Machtergreifung Adolf Hitlers in Würzburg Kräfte geregt hätten, den Marienberg als „Kulturdenkmal von überragender Bedeutung" zugänglich zu machen. Und weiter: „Dem Idealismus und Kulturwillen des bayrischen Ministerpräsidenten Ludwig Siebert und des Würzburger Oberbürgermeisters Memmel ist es zu verdanken, dass seit 1935 das ehrwürdige fürstbischöfliche Schloß wieder baulich instandgesetzt und seit 1938 der Öffentlichkeit zugänglich gemacht wurde."

Siebert war seit 1931 Mitglied der NSDAP und war wegen seiner Zuverlässigkeit und treuen Anhängerschaft innerhalb der Partei angesehen. Im Laufe seines Lebens war er unter anderem Erster Oberbürgermeister der NSDAP in Bayern, saß als Vertreter der Partei erst im Bayerischen Landtag und später im Reichstag und hielt zeitgleich die Posten des bayerischen Finanzministers, Wirtschaftsministers und Ministerpräsidenten. So war es denn auch möglich, dass er Gelder bereitstellte, um dem deutschen Volk die vermeintliche Pracht und Herrlichkeit der eigenen Geschichte und Bauwerke vor Augen zu führen – unter anderem auf der Festung Marienberg. Wohl um dort für alle Zeiten festzuhalten, wem die neue Pracht zu verdanken war, wurde Ludwig Sieberts Name an der Roßschwemme verewigt.

Heike Thissen

So geht's zur Siebert-Inschrift:

Der Schriftzug „Ludwig Siebert" befindet sich auf der dem Becken zugewandten Seite der Säule an der Roßschwemme. Diese steht im Vorhof der Festung Marienberg.

19

Adams Unterarm

Was Würzburg mit Florenz zu tun hat

Die Adamsfigur, die auf einer Konsole an der Marienkapelle steht, ist nicht gerade mit einem kräftigen Körper-
bau gesegnet: Eher schlank kommt sie daher. Wer Adam
aber mehr als nur einen flüchtigen Blick schenkt, bemerkt,
dass er nicht zur Gänze schmächtig ist. Sein rechter Unterarm ist sogar
das, was man sich unter einem prachtvollen Männerarm vorstellt:
muskulös und sehnig. Wie das?

„Die Figuren wurden 1493 fertiggestellt, aber erst nachdem man
1822 den Grabstein von Tilman Riemenschneider neben dem Dom
fand, gewannen Adam und Eva als Werke des großen Bildhauers wieder an Bedeutung", sagt Stadtführer Horst Tony Walter. Das war, auch
wenn Adam sehr lädiert war und zum Beispiel sein rechter Unterarm
fehlte, natürlich erst mal eine große Freude – erkannte man Riemenschneider (um 1460–1531) doch als einen der bedeutendsten Bildhauer und Bildschnitzer der Spätgotik und gleichsam als Künstler am
Vorabend zur deutschen Renaissance. Aufgrund von Riemenschneiders Bedeutung wurden die Originale der Adam- und Eva-Figuren
zwischen 1843 und 1853 instand gesetzt und schließlich Ende des 19.
Jahrhunderts abgenommen. Bei den heute sichtbaren Figuren handelt
es sich um Kopien. Warum Adam und Eva zunächst weichen mussten?
Nicht weil sie so wertvoll waren und geschützt werden mussten, sondern ihrer Nacktheit wegen. Das hat dem damaligen Dompfarrer Dr.
Braun nicht gefallen und er wollte sie aus dem öffentlichen Raum verbannt haben", erzählt Horst Tony Walter schmunzelnd. Damit folgte
der Pfarrer nicht nur den strengen Moralvorstellungen seiner Zeit,
sondern auch dem Empfinden der beiden biblischen Figuren. Schließlich schämten sich Adam und Eva ihrer Nacktheit, nachdem sie im
Paradies von den verbotenen Früchten gegessen hatten.

Der Rat der Stadt hatte im ausgehenden 15. Jahrhundert diese
Bedenken aber wohl nicht, als er Tilman Riemenschneider mit der

*Adam hat einen erstaunlich muskulösen
rechten Unterarm.*

Schaffung der Figuren beauftragte. Er entlohnte den Bildhauer für damalige Verhältnisse fast fürstlich, Riemenschneider erhielt 50 Gulden pro Figur. Und dann noch jeweils zehn Gulden zusätzlich, „dieweyle sie meysterlich künstlich zirrlich und Erlich" gemacht waren. 50 Gulden hätte damals übrigens auch ein Ochse gekostet.

Und wie kam Adam nun zu seiner – gar nicht mehr so „zirrlichen" – Hand samt Unterarm? „Bei der Instandsetzung im 19. Jahrhundert kam man auf die Idee, Adam eine Prothese zu verpassen, die dem Unterarm des in Florenz stehenden

„Was Michelangelo für Florenz, ist eben Riemenschneider für Würzburg."

David von Michelangelo nachempfunden ist", erzählt Walter. Freilich kann er sich als leidenschaftlicher Gästeführer nun einen Schuss Lokalpatriotismus nicht verkneifen: „Was Michelangelo für Florenz, ist eben Riemenschneider für Würzburg."

Das ist der Grund, warum der Adam an der Marienkapelle einen muskulösen Unterarm hat. Und auch eine Antwort auf die Frage, was Würzburg mit Florenz verbindet.

Eva-Maria Bast

....

So geht's zu Adams Unterarm:

Adam mit dem knackigen Unterarm befindet sich, vom Marktplatz aus gesehen, am Süd-Portal der Marienkapelle. Das Original steht in der Riemenschneider-Sammlung des Mainfränkischen Museums.

20

Soldatengrab
Der letzte Tote vom Mainfeldzug

Wer auf dem Nikolausberg durch die Wälder streift, genießt die Ruhe inmitten der Natur. Doch am Rand eines Hohlwegs, der einst zu einem der Steinbrüche führte, erinnert ein Kreuz auf einer Steingrotte die Wanderer daran, dass es hier vor rund 150 Jahren ganz anders zuging. Denn das Grab stammt aus dem Jahr 1866, als im so genannten Deutschen Krieg preußische Soldaten gegen die deutsche Bundesarmee kämpften und der Soldat Caspar Friedrich Hollinderbäumer und viele andere ihr Leben ließen.

„Als Kind habe ich mit meinen Eltern oft unsere Verwandtschaft auf dem Nikolausberg besucht. Wenn wir eine große Runde spazieren gehen wollten, hieß es immer, wir würden bis zum ‚Caspar Friedrich' laufen – also hierher. Aber keiner wusste, was genau es mit diesem Kreuz auf sich hatte", erzählt Sebastian Karl. Erst viele Jahre später fing er an nachzuforschen. Damals begann er als Gästeführer, sich auch für die Details in seiner Heimatstadt und deren Umgebung zu interessieren. Heute kennt er das Geheimnis, das hinter dem Kreuz am Valentin-Alois-Fischer-Weg steckt.

Am Rande eines ehemaligen Schleifwegs steht das Kreuz auf einer Steingrotte.

„Eigentlich war der Deutsche Krieg schon so gut wie vorbei, als Caspar Friedrich Hollinderbäumer hier starb", sagt Sebastian Karl. Eine der letzten Schlachten war am Tag zuvor im rund 20 Kilometer entfernten Uettingen mit insgesamt 236 Toten und 1700 Verwundeten zu Ungunsten der süddeutschen Truppen zu Ende gegangen. Der Mainfeldzug war vorbei, Preußen hatte den Krieg für sich entschieden. „Aber trotzdem gab es immer noch Scharmützel hier in der Gegend." Und so kam es, dass am Tag des Waffenstillstands, dem 27. Juli 1866, seitens der preußischen Truppen doch noch ein Mann zu beklagen war: Caspar Friedrich Hollinderbäumer, 29 Jahre alt.

Im Kriegstagebuch des 2. Westfälischen Infanterie-Regiments Nr. 15, dessen Mitglied er war, ist über diese Tage zu lesen: „Der Artillerie-Kampf war sehr heiß und obgleich es gelang, eine Caserne der Marienburg in Brand zu schießen, so litt die diesseitige Artillerie, namentlich die Oldenburger, doch bedeutend." Obwohl die Preußen eigentlich überlegen waren, hatten sie ihre liebe Not mit dem Widerstand der Bayern. Und so muss das Kriegstagebuch über diese Konfrontation auf seine nüchterne Art auch den Tod von Caspar Friedrich Hollinderbäumer festhalten: „Der Schützenzug der 9.

„Eigentlich war der Deutsche Krieg schon so gut wie vorbei, als Caspar Friedrich Hollinderbäumer hier starb."

Comp. wurde zurückgenommen; er verlor einen Verwundeten, während beim geschlossenen Füsilier-Bataillon der Füs. Hollinderbäumer, während er schlafend neben den zusammengesetzten Gewehren lag, durch Granatsplitter getödtet wurde."

Die Kameraden hätten den jungen Mann wohl zurückgelassen, damit er die Waffen bewachte, vermutet Sebastian Karl und fügt an: „Das hat er nicht überlebt." Bei ihrem Abzug ließen die Preußen den Toten zurück, der seither an jener Stelle auf dem Nikolausberg begraben liegt. Das grottenähnliche Grabmal mit Steinkreuz errichtete der Verschönerungsverein erst Jahre später und brachte eine Inschrift an: „Hier ruht Caspar Friedrich Hollinderbäumer, Soldat im 2. Westfälischen Infanterie Regiment No 15, geboren am 3. März 1837 in Herringhausen bei Herford, gefallen am 27. Juli 1866."

Sebastian Karl musste mit seiner Familie viele Male hierher wandern, bevor er erklären konnte, was sich hinter diesen Worten verbirgt.

Heike Thissen

So geht's zum Soldatengrab:

Das Soldatengrab liegt am Wegrand des Valentin-Alois-Fischer-Wegs auf dem Nikolausberg. Wenn man vom Oberen Steinbachweg in den Weg einbiegt, entdeckt man das Grab nach rund 100 Metern auf der linken Seite.

Sühnebildstock

Den Nachbarn einfach niedergestochen

Manchmal lohnt es sich, die Dinge zu entziffern, die in alte Steine eingemeißelt sind. Macht man sich die Mühe an dem Bildstock, der an einer vielbefahrenen Straße in Heidingsfeld steht, erfährt man eine blutige Geschichte. Auf dem Stein ist zu lesen: „Cuncz rudiger hot hannsen virenkronen derstochen und das geschehen Do man zalt von Krist gepurt M CCCC und XXVIII jor uff unsers herrn auffertag." Ein Mensch namens Rudiger Cuncz erstach also am Ostertag 1428 Hanns Virenkron. Warum, ist unbekannt, sagt Jochen Ohlhaut, der sich gut mit der Heidingsfelder Geschichte auskennt. Weiter ist der Inschrift zu entnehmen, dass Rudiger Cuncz Buße tat: „dornhoch ist die besserung geschehen in dem firden jor am nechsten suntag noch obersten." Nach vier Jahren, am ersten Sonntag nach Ostern des Jahres 1432, hatte er also die ihm auferlegte Buße abgeleistet. Und was war das für eine Buße? Jochen Ohlhaut weiß es ganz genau und zitiert aus dem Heidingsfelder Gerichtsbuch. In diesem ist verfügt, dass Rudiger Cuncz ein Steinkreuz aufstellen soll, das „In aller masse und ways" so aussieht, wie die – heute nicht mehr dort stehenden – Bildstöcke vor dem Ober- und Klingentor. Einer ist als Fragment erhalten und steht im Rathaus in Heidingsfeld.

Das Original.

Jochen Ohlhaut vor der Kopie des Sühnebildstocks.

Außerdem wurde ihm auferlegt, „20 Pfund Wachs zu gottes-dienstlichen Zwecken" für die Seelenruhe des Ermordeten zu spen-den und für den Unterhalt der Kinder des Toten zu zahlen. „Und dann sollte er Sühnewallfahrten zu den Heiligtümern des Mittelalters wie Maria Einsiedeln und Santiago de Compostela unternehmen", sagt Ohl-haut. Dennoch scheint das eine sehr milde Strafe für einen Mord zu sein. „Aber

> *„Und dann sollte er Sühnewallfahrten zu den Heiligtümern des Mittelalters wie Maria Einsiedeln und Santiago de Compostela unternehmen."*

auf seinen Pilgerfahrten war er ja auch allerhand Gefahren ausge-setzt, da fanden zahlreiche Überfälle statt. Insofern war die Strafe nicht ganz so milde, wie es scheint", erklärt der Heidingsfelder.

Der Sühnebildstock befand sich nicht immer dort, wo er heute steht: Sein ursprünglicher Platz war vor dem Nikolaustor in Hei-dingsfeld, dann musste er mehrfach umziehen, bevor er an seinem heutigen Standort aufgestellt wurde. Allerdings handelt es sich bei dem Stein nicht um das Original, sondern um eine Kopie. Das Ori-ginal befindet sich seit 2005 in der Kirche St. Laurentius. Und kündet dort von der blutigen Tat.

Eva-Maria Bast

....

So geht's zum Sühnebildstock:

Die Kopie des Bildstocks befindet sich in der Wenzelstraße, Ecke Julius-Echter-Straße. Das Original steht in der St.-Laurentius-Kirche, Kirchplatz 2, an der rechten Seitenwand.

Kippe gefällig? Stadtheimatpfleger Hans Steidle legt am Porträt von Leonhard Frank eine Pause für eine Gedenkzigarette ein.

Raucherporträt

Ein Pazifist mit Zigarette

D er Würzburger Stadtheimatpfleger Hans Steidle schmunzelt jedes Mal, wenn er die Zeller Straße im Mainviertel hinaufgeht. Schuld daran ist eine wenig beachtete Bronzetafel an einem Mauervorsprung unterhalb der Deutschhauskirche. Sie zeigt den Würzburger Schriftsteller Leonhard Frank (1882–1961)

> *„Das ist ein politisch unkorrektes Bild von Leonhard Frank und darum gefällt es mir so gut."*

bei einer seiner Lieblingsbeschäftigungen. Beim Schreiben? Nein! Beim Rauchen! „Das ist ein politisch unkorrektes Bild von Leonhard

79

Frank und darum gefällt es mir so gut", sagt Steidle lächelnd und zündet sich eine Gedenkzigarette an. „Das mache ich meistens, wenn ich hier vorbeikomme."

Dass die Plakette ausgerechnet dort hängt, wo die meisten Menschen mit dem Auto Gas geben, um den Berg zu erklimmen, und nur wenige zu Fuß vorbeikommen, hat seinen Grund: Nebenan, in der

Die Plakette an einer Mauer in der Zeller Straße.

Zeller Straße 34, stand einst das Geburtshaus von Leonhard Frank. „Es wird immer erzählt, er sei im Mainviertel aufgewachsen. Doch das stimmt nicht. Seine Eltern sind mit ihren vier Kindern oft umgezogen und Frank hat den Großteil seiner Kindheit in der Altstadt verbracht", stellt Hans Steidle richtig. Am 4. September 1882 kam Leonhard Frank auf die Welt, bereits ein Jahr später zog die Familie aus der Zeller Straße weg. Anfang des 20. Jahrhunderts musste sein Geburtshaus einer breiteren Straße Platz machen.

Zur selben Zeit dürfte der junge Mann mit dem Rauchen begonnen haben. „Frank studierte von 1904 bis 1910 Grafik und Malerei in München. Da war er so bettelarm, dass er mit dem Rauchen anfing, um den Hunger zu übertünchen", erklärt Hans Steidle. Das mit dem Hunger änderte sich, als er 1914 mit seinem Romandebüt „Die Räuberbande" einen Erfolg landete. Das mit dem Rauchen behielt er bei. So begleitete ihn die Zigarette für den Rest seines Lebens: im Schweizer Exil während des Ersten Weltkrieges genauso wie in den 1920er-Jahren, in denen er sehr erfolgreich Bücher schrieb und einen Preis nach dem anderen verliehen bekam. Und Frank rauchte auch im Exil während des Dritten Reiches, als er als überzeugter Pazifist und Unterstützer der Linken sich erst durch Europa und dann in die USA flüchtete.

Als er 1950 nach Deutschland zurückkehrte, haderte er mit den Menschen und ihrem Verhalten: Weder wollte er über die Nazizeit und die begangenen Verbrechen schweigen noch wollte er akzeptieren, dass viele Schuldige aus dem Dritten Reich nach 1945 weiter Karriere machen konnten. „Gerade in seiner Geburtsstadt war er lange Zeit nicht gut gelitten, unter anderem, weil er in seinem Buch ‚Die Jünger Jesu' mit dem Nachkriegs-Würzburg abrechnete", erklärt Hans Steidle. Inzwischen hat sich das Verhältnis verändert: Die Main-Metropole ist stolz auf ihren Leonhard Frank.

Dass unter anderem eine Darstellung mit Zigarette an ihn erinnert, kam so: Als der Würzburger Verschönerungsverein 1997 die Künstlerin Renate Jung damit beauftragte, das Porträt anzufertigen, überlegte diese, wie sie den Schriftsteller wohl am besten darstellen könnte. Sie fragte den Kunsthistoriker Heiner Reitberger, der mit Frank freundschaftlich verbunden war und zu der Zeit das lebende Gewissen der Stadt war. „Er riet mir zur obligatorischen Zigarette. Die war mir auch als diagonales Kompositions-Element willkommen." Unter dieser kritischen Beratung entstand ein sehr lebendiges Porträt von Leonhard Frank, das ihn zeigt, wie er war. Und nicht so, wie ihn Nichtraucher-Aktivisten vielleicht gern sehen würden.

Heike Thissen

So geht's zum Raucherporträt:

Das Raucherporträt von Leonhard Frank befindet sich auf Höhe der Zeller Straße 39 am Mauervorsprung unterhalb der Deutschhauskirche.

81

23
Einstiges Gefängnis
Säulen, ein leeres Feld und ein Löwe mit Ring

D as Haus sieht ägyptisch aus. Und tatsächlich wird es im Volksmund auch „Ägyptischer Bau" genannt. Woher das ägyptische Aussehen stammt, was es mit dem steinernen Löwen auf sich hat, der einen gewaltigen Ring im Maul hält, und wieso über den Säulen eine leere Tafel hängt, darauf können die meisten Passanten keine Antwort geben. Diese findet sich schließlich bei Dirk Eujen, der sich gut im Mainviertel auskennt. „Es handelt sich um das ehemalige Zuchthaus", erklärt er. Entworfen worden sei es 1810 durch Baumeister Peter Speeth (1772–1831), Landbaumeister unter der Herrschaft des Großherzogs Ferdinand III. (1769–1824) für „Missethäter beyderley Geschlechts". Vom Volksmund wurde die frühklassizistische Fassade, wie Eujen erklärt, folgendermaßen gedeutet: „Die zehn Säulen stellen die zehn Gebote dar. Wenn du die zehn Gebote so festhältst wie der steinerne Löwe da oben den Ring und wenn dein Gewissen so rein ist wie die Steintafel darunter, so bleibt dir das Tor zu diesem Haus für immer verschlossen."

Zunächst wurde das Gebäude für die Militärverpflegungskommission genutzt, ab 1849 wurden hier Militärsträflinge aus dem benachbarten königlichen Zuchthaus und danach ab 1857 weibliche Strafgefangene untergebracht, die sich nicht so fest an die zehn Gebote gehalten hatten, wie der Löwe an seinen Ring. Derer gab es anscheinend viele, denn schon 1861 wurde das Nachbarhaus angekauft, weil nicht mehr alle Strafgefangenen in das Gebäude mit den zehn Säulen passten. Der Himmel war wohl erzürnt über die Straftaten, zumindest schlug am 12. September 1869 der Blitz ein. Das anschließende Feuer legte Teile des Gefängnisses in Schutt und Asche. 1909 siedelte das Zuchthaus in die neue bayerische Strafanstalt in der Würzburger Ottostraße um, wo aus-

Das ehemalige Gefängnis.

schließlich männliche Strafgefangene einsaßen. „Nun zog eine Staatserziehungsanstalt hier ein", sagt Eujen. Tragischerweise galt die Botschaft mit den Säulen und dem Löwen immer noch, denn bei den Kindern, die hier aufgenommen wurden, handelte es sich um „Zwangszöglinge, die in Privatanstalten überhaupt nicht oder nur schwer Aufnahme fanden". Es entbehrt nicht einer gewissen Ironie, dass das Gebäude anschließend, ab 1936, Treffpunkt der Hitlerjugend war. Und die Ideologie der Nationalsozialisten hatte ja nun rein gar nichts mit den zehn Geboten zu tun.

Eva-Maria Bast

....

So geht's zum einstigen Gefängnis:

Das ehemalige Zuchthaus grenzt an den Parkplatz vor der Jugendherberge. Es steht am Fred-Joseph-Platz im Mainviertel. Heute befindet sich das Jugendkulturhaus „Cairo" darin.

Die Ohrverkündigung samt rutschendem Jesuskind.

24 Relief

Wenn das Jesuskind auf dem Bauch rutscht

Manchmal muss man ganz genau hinsehen, um die besonderen Dinge zu entdecken. Elisabeth Nickel, die sich gut mit Würzburgs Kirchen auskennt, hat das getan und ist auf eine humorvolle Verkündigungsszene oberhalb des Nordportals der spätgotischen Marienkirche aufmerksam geworden: Gottvater spricht in einen Schlauch, der in Marias Ohr endet. Und auf diesem Schlauch rutscht bäuchlings das Jesuskind zu Maria herab. „Das Ohr gilt als Zugang zur Seele, auch bei der Taufe wird ja das Ohr berührt", erklärt Elisabeth Nickel. In der Bibel heiße es: „Das Wort Gottes ist Fleisch geworden." Und das erkläre die kleine Taube, die beim Ende des Schlauches am Ohr der Maria sitzt. „Sie steht für den Heiligen Geist und ist ebenso ein Liebessymbol wie die Lilien, die vor Maria in einer Vase stehen." Lilien, sagt die Würzburgerin, stünden schon seit der Antike für Liebeslust und Zeugung, im Zusammenhang mit Madonnen seien Lilien aber auch Ausdruck von Reinheit. „Und die Vase könnte ein Symbol der Weiblichkeit sein." Es gebe in der christlichen Kunst aber auch die Vorstellung, dass die geöffnete Blüte für Gottvater stehe, die Knospe für den Heiligen Geist und die leicht geöffnete Blüte für Christus.

Der Ursprung der Würzburger Marienkapelle ist tragisch. Denn dort, wo sie heute steht, befand sich einst eine Synagoge. Wie in vielen Städten und Regionen blieben auch die Würzburger Juden im 14. Jahrhundert von den Pogromen nicht verschont: 1349 wurden sie grausam ermordet und an dem Platz, an dem die Synagoge stand, eine hölzerne Marienkapelle errichtet, als Siegeszeichen des Christentums gewissermaßen. 1377 erfolgte die Grundsteinlegung für den Steinbau.

Elisabeth Nickel betrachtet das Portal.

Die goldene, von Jakob van der Auwera entworfene Maria Immaculata auf der Turmspitze entstand in den Jahren 1711–1713. Und auch wenn die Marienkapelle beim Angriff auf Würzburg im März 1945 stark beschädigt wurde, blieb doch die goldene Madonna unversehrt. Doch diese Geschichte haben wir schon ab Seite 22 erzählt.

Eva-Maria Bast

So geht's zum Relief:

Die Marienkapelle steht auf der Nordseite des Marktplatzes.
Die Verkündigungsszene findet sich am Nordportal.

25

Grenzstein

Ein Grundstück für den Bismmarckturm

E r mag bei höherem Rasenstand schon zur Stolperfalle für so manchen Besucher geworden sein. Denn der Stein, der nur etwa 20 Zentimeter aus dem Boden herausragt, ist kaum zu sehen, wenn die Wiese am Bismarckturm nicht frisch gemäht ist. Dabei war es natürlich nie sein Zweck, arglose Wanderer zu Fall zu bringen. Vielmehr sorgte dieser Stein einst zusammen mit fünf anderen auf dem Berg für klare Eigentumsverhältnisse.

Rolf Richter kann auf den ersten Blick sagen, warum im Schatten des imposanten Bismarckturms ein so unscheinbarer Stein zu finden ist. „Es handelt sich um einen der Grenzsteine aus Muschelkalk, mit denen das Grundstück des Bismarckturms aus der Fläche des umliegenden Wäldchens abgetrennt wurde. Dieses gehörte damals dem Würzburger Verschönerungsverein", erklärt der ehemalige Vermessungsingenieur und Ehrenvorsitzende des Vereins Stein-Wein-Pfad. Er vermutet, dass der behauene Stein seit 1905 dort oben im Boden steckt. Denn damals stellte der Würzburger Verschönerungsverein dem Bismarckturmkomitee eine Fläche zur Verfügung, damit dieses dort ein Denkmal zu Ehren Otto von Bismarcks (1815–1898) errichten konnte. Wie in Franken seit vielen Jahrhunderten üblich, wurde diese Fläche durch die Grenzsteine von so genannten „Feldgeschworenen" deutlich sichtbar markiert.

Mit ihrem Bismarckturm auf dem Würzburger Stein, von wo aus Wanderer die Silhouette der Stadt besonders eindrucksvoll erleben können, standen die Würzburger Anfang des 20. Jahrhunderts nicht allein da. Im Gegenteil. Noch zu Lebzeiten des „eisernen Kanzlers", aber erst recht nach seinem Tod 1898 entstanden zur Erinnerung an ihn und seinen Mythos im ganzen Reich Denkmäler. Ein wahrhafter Kult brach aus. Und um diesen in geordnete Bahnen zu lenken, startete die Deutsche Studentenschaft noch im Todesjahr einen Aufruf: „(…) so wollen wir unserem Bismarck zu Ehren auf allen Höhen

Rolf Richter kniet neben dem Grenzstein am Bismarckturm.

unserer Heimat, von wo der Blick über die herrlichen deutschen Lande schweift, gewaltige granitene Feuerträger errichten. Überall soll als ein Sinnbild der Einheit das gleiche Zeichen entstehen von ragender Größe, aber einfach und prunklos in schlichter Form auf massivem Unterbau." Es waren einheitliche Gedenkfeuer für Bismarcks Geburtstag am 1. April und für die Sommersonnwende am 21. Juni geplant. Die lodernden Flammen sollten verkünden, dass Bismarck und sein Werk nicht vergessen sind.

Der Stein sieht nicht nur unspektakulär aus, sondern ist auch leicht zu übersehen.

Der Architekt Wilhelm Greis gewann den Wettbewerb um den besten Entwurf. Insgesamt 47 Bismarcktürme sind in den Folgejahren nach seinem Modell, das er „Götterdämmerung" nannte, deutschlandweit entstanden – einer davon auf dem Würzburger Stein. Der Würzburger General-Anzeiger, Vorläufer der Main-Post, appellierte am 23. Februar 1899 mit glühenden Worten an die Spendenbereitschaft seiner Leser: „ (…) ein jeder möge nach Kräften dazu beitragen, daß sich alsbald auch in unserer Stadt ein bleibendes Wahrzeichen erhebt, das fortwährend daran erinnere, der Wahrung des heiligen Gutes deutscher Einigung zu gedenken."

Zwar fanden mehrere Konzerte statt, deren Eintrittsgelder in den „Bismarcksäulenfonds" flossen, und auch etliche Privatpersonen und die Stadt unterstützten das Projekt. Die Begeisterung der Würzburger für das Vorhaben war groß. Dennoch dauerte es bis 1904 und insgesamt sechseinhalb Jahre, bis die 18.000 Mark für die Baukosten beisammen waren. Am 1. April 1905, dem 90. Geburtstag Bismarcks, wurde der Grundstein gelegt. Kurz vorher muss der Grenzstein aus Muschelkalk mit seinen fünf benachbarten Kollegen in den Boden gesetzt worden sein, die gemeinsam das Gelände für den Turm umgrenzten.

Nur drei Monate später, am 2. Juli 1905, konnte das Bauwerk bereits eingeweiht werden. Seither thront der Bismarckturm über Würzburg, mal mehr und oft weniger beachtet von den Menschen in der Stadt. Doch noch viel weniger beachtet ist der kleine Begleiter zu seinen Füßen. Dabei ist dieser so typisch für Würzburg, wie Rolf Richter weiß: „Um die Jahrhundertwende gab es noch viele Steinhauer in Franken. Viele von ihnen waren in den zahlreichen Muschelkalkbrüchen in Würzburgs Umgebung auch damit beschäftigt, Grenzsteine in harter Handarbeit herzustellen – oft mit dem Stadtwappen Würzburgs verziert."

„Um die Jahrhundertwende gab es noch viele Steinhauer in Franken. Viele von ihnen waren in den zahlreichen Muschelkalkbrüchen in Würzburgs Umgebung auch damit beschäftigt, Grenzsteine in harter Handarbeit herzustellen – oft mit dem Stadtwappen Würzburgs verziert."

Dass der Stein heute so mitgenommen aussieht, liege wohl daran, dass er im Lauf der Jahrzehnte viele Male beim Mähen der Wiesen rund um den Bismarckturm gerammt worden sei, mutmaßt der Vermessungsingenieur. Wenigstens war er danach mit dem gestutzten Gras für ein paar Tage gut zu sehen, bevor er wieder verschwand.

Heike Thissen

....

So geht's zum Grenzstein:

Der Grenzstein befindet sich auf der Wiese unterhalb des Bismarckturms auf dem Würzburger Stein, ungefähr auf Höhe der letzten Treppenstufe.

26

Philippus-Statue

Ein Quadratschädel wie Martin Luther

Der Reformator Martin Luther (1483–1546) am Westportal der katholischen Marienkapelle? Das kann doch nicht sein! Und doch ist die Ähnlichkeit frappierend. Das findet inzwischen auch Hilmar Beck, der als freier Mitarbeiter der Main-Post jahrelang Kurioses und Verborgenes fotografierte und im Würzburg-Rätsel fragte: „Wer kennt sich aus?" Doch damals, als er 2007 die entsprechende Statue für seine wöchentliche Quizfrage auswählte, fiel ihm die Ähnlichkeit zwischen den beiden Konterfeis noch nicht auf.

„Bei genauem Hinsehen bemerkte ich, dass die Philippus-Figur im Gegensatz zu den anderen Aposteln sehr ‚gut beieinander' ist", blickt der pensionierte Lehrer nachdenklich zu der Statue empor. Noch nie zuvor habe er eine Figur von Tilman Riemenschneider (1460–1531) gesehen, die so beleibt ist. Und Hilmar Beck hatte zu diesem Zeitpunkt bereits viele Riemenschneider-Figuren gesehen! Schließlich hatte sein Vater ihn schon

Die Philippus-Statue steht neben dem Portal der Marienkapelle.

als Jungen für Kunstgeschichte im Allgemeinen und für den Künstler aus der Main-Metropole im Besonderen begeistert. „Also habe ich

Doppelkinn und Wohlstandsbauch: Sah Luther so aus, als er Würzburg besuchte? Wohl eher nicht.

vermutet, dass er ein lebendes Modell hatte. An Martin Luther habe ich dabei allerdings noch nicht gedacht."

Nahm der Künstler den Reformator als Modell für einen der Apostel, deren Kopien noch heute die Fassade der Marienkapelle zieren? Wohl eher nicht. Auch wenn sich Luther und Riemenschneider in Würzburg über den Weg gelaufen sind. Denn im Alter von 35 Jahren kam der Augustiner-Mönch an den Main. Er war gerade auf dem Weg nach Heidelberg, wohin er vom Generalvikar Johann von Staupitz (1460–1524) befohlen worden war. Wenige Monate zuvor hatte er seine 95 reformatorischen Thesen, so die Überlieferung, in Wittenberg an die Tür der Schlosskirche genagelt – da bestand Gesprächsbedarf.

Hilmar Beck erkennt eine Ähnlichkeit zwischen dem Philippus und Martin Luther.

Luther marschierte bis zu 70 Kilometer am Tag und dürfte ziemlich ausgemergelt ausgesehen haben, als er auf seiner Rückreise am 4. Mai 1518 beim Ordensfest für die Heilige Monika in Würzburg auf Tilman Riemenschneider traf. Trotzdem geht die Mär, dass der Bildhauer von den Ideen Luthers derart begeistert gewesen sei, dass er ihn als Modell für seinen Heiligen Philippus am Westportal der Marienkapelle verwendete. Doch das passt zeitlich nicht zusammen. Die Figuren für die Marienkapelle seien bereits 1507 aus der Werkstatt Riemenschneiders ausgeliefert worden, erklärt Hilmar Beck. Das war neun Jahre vor dem möglichen Zusammentreffen der beiden klugen Köpfe.

Außerdem kann Luther zu jener Zeit kaum so feist ausgesehen haben, wie Riemenschneider seinen Philippus geschaffen hat – selbst wenn er, wie so oft beschrieben, eine mit unerschöpflicher Energie ausgestattete Kraftnatur war. Der Fußmarsch von Wittenberg über Würzburg nach Heidelberg betrug rund 400 Kilometer. Sechs Tage hatte er dafür Zeit und Luther war in Topform. Ein hängendes Doppelkinn und einen Wohlstandsbauch, wie ihn die Statue besitzt, dürfte er in jenen Jahren wohl kaum besessen haben.

Vielleicht hatte Riemenschneider einfach irgendeinen anderen Quadratschädel im Kopf, als er den Philippus fertigte. „Sowohl Luther als auch Riemenschneider stammten aus Osterrode im Harz. Dort scheint die Form der dicken viereckigen sächsischen Schädel nicht ungewöhnlich gewesen zu sein", schreibt Richard Wust in einem Beitrag der Main-Post über die Figur. Die große Ähnlichkeit zum Reformator wäre dann rein zufällig. Das Geheimnis, wer Riemenschneider nun tatsächlich Modell stand, lässt sich nicht mehr lüften.

Heike Thissen

So geht's zur Philippus-Statue:

Die Statue, die Martin Luther sehr ähnlich sieht, steht am Westportal der Marienkapelle. Das Gotteshaus steht am Marienplatz.

27

Stifterrelief

Für die Gesundheit – aller Zerstörung zum Trotz

Dass es den Menschen nicht gut geht, erkennt man auf den ersten Blick. Zwei liegen in ihren Betten, ein weiterer ist anscheinend verletzt. Doch es gibt auch viele, die sich um sie kümmern, für sie beten. Zu sehen ist diese Szenerie auf einem Steinrelief im Durchgang des Julius-Spitals. Es ist dem Stifter des Spitals, Julius Echter (1545–1617), gewidmet und zeigt ihn auf der rechten Bildseite, kniend inmitten der Kranken. „Julius Echter hat sich sehr um Würzburg und das Spital verdient gemacht", sagt Leo Rettner, der das Spital von 1975 bis 1993 leitete.

Nach dem Tod von Fürstbischof Friedrich von Wirsberg wählt das Domkapitel 1573 Julius Echter mit knapper Mehrheit zum neuen Fürstbischof. Es ist kein leichtes Amt, das der 28-Jährige da antritt: Der Bauernkrieg (1524/25) und der Markgräflerkrieg (1552/53) haben zu einer Verarmung des Stifts und der Bevölkerung geführt. Und mit der Arbeit seiner Vorgänger ist Julius Echter offenbar nicht zufrieden. Schreibt er doch, dass in den „verflossenen teuren und schweren Jahren zu mehrmalen gute arme Leute rat- und hilflos verzifet (geblieben) und auf den Gassen tot gefunden worden sind, was uns nun und billigerweise einen jeden Christenmenschen zu besonderem Mitleid bewegen sollte." Julius Echter will „Gott dem Allmächtigen zu Lob und Ehren (...) ein Spital für allerhand Sorten Armer, Kranker und unvermöglicher, auch schadhafter Leute, die Wund- und anderer Arznei bedürftig sind" einrichten und „desgleichen verlassene Waise und dann vorüberziehende Pilgrime und dürftige Personen" aufnehmen. Ein Spital will er also bauen, ein großes, schönes Haus, in dem alle Hilfsbedürftigen Platz finden. „Bei

> *„Bei seinen Plänen musste Echter gegen ziemlichen Widerstand kämpfen. Das Domkapitel wollte lieber die älteren Spitäler renovieren als ein großes neues zu bauen."*

Leo Rettner betrachtet das Stifterrelief.

seinen Plänen musste Echter gegen ziemlichen Widerstand kämpfen", erzählt Leo Rettner. „Das Domkapitel wollte lieber die älteren Spitäler renovieren als ein großes neues bauen." Doch Julius Echter lässt sich nicht aufhalten: Am 12. März 1576 legt er den Grundstein. Die Vollendung des Baus im Sommer 1580 wird mit einem großen Fest begangen. Ihren Durst können die Besucher „den gantzen Tag mit rothem und weissen guten Wein" stillen. Echter stattet das Spital mit Grundbesitz und Zustiftungen gut aus und sichert seiner Stiftung so ihre Zukunft. „Er hat sich nach Fertigstellung auch nicht rausgenommen", sagt Leo Rettner. „Im Gegenteil hat er sich intensiv sogar um die Details wie Speise-, Bekleidungs- und Hausordnungen gekümmert."

Als Julius Echter 1617 stirbt, steht das Deutsche Reich am Vorabend einer schweren Zeit, die drei Jahrzehnte dauern soll: dem Dreißigjährigen Krieg (1618–1648). Auch für das Spital ist es nun zunächst vorbei mit den glanzvollen und wohlgeordneten Zeiten, die die Ära Echter geprägt hatten. „Vor allem die Jahre 1631 bis 1634 unter der schwedischen Besatzung waren schlimm", sagt Leo Rettner. Hunderte Schweden habe man in den Spitalmauern beherbergen und verpflegen müssen, der Schaden habe bei über einer Million Gulden gelegen.

Stifter Julius Echter ist auf dem Relief (auf der rechten Bildseite) kniend inmitten von Kranken zu sehen.

In den kommenden Jahrhunderten ändert sich das Bild des Spitals durch Abbrüche und Neubauten immer wieder, bis im 18. Jahrhundert der Vorbau an der Juliuspromenade abgerissen und neu errichtet wird. „Nun erhielt das Spital sein heutiges Bild", erklärt Altwürzburger Rettner. Auch die Bestimmung hat sich inzwischen geändert, anfangs vornehmlich Pfründnerheim, also ein Zuhause für Menschen, die hier lebten, wird das Gebäude nun mehr und mehr zum Krankenhaus – bis es wieder einen ganz anderen Zweck aufgezwungen bekommt: Der Vorderbau ist noch nicht ganz fertig, da stürmen in Frankreich die Massen die Bastille in Paris. Man schreibt das Jahr 1789. Die Französische Revolution ist ausgebrochen. „Das machte sich auch in Würzburg bemerkbar", sagt Leo Rettner. Wieder kommen fremde Soldaten in die Stadt, diesmal sind es französische. Und wieder wünschen sie im Spital Unterkunft und Nahrung zu erhalten.

Die seit der Säkularisierung 1803 unter staatlicher Aufsicht stehende Stiftung Juliusspital Würzburg muss im Dritten Reich erneut schwere Zeiten durchmachen. „Den nationalsozialistischen Machthabern war das Juliusspital, in dem noch immer in christlichem Geist gearbeitet wurde, ein Dorn im Auge", sagt Rettner. Doch die Verringerung des Grundbesitzes und die Ausbildung nationalsozialistischer Krankenschwestern sind noch harmlos im Vergleich zur Zerstörung beim Luftangriff vom 16. März 1945.

Die Verantwortlichen zögerten danach allerdings nicht lang, das Spital wiederaufzubauen und den Kranken ein neues Heim zu geben, das sie gerade jetzt, geschwächt und verletzt durch den Krieg, dringend brauchten. Julius Echter hätte dieser Einsatz für Notleidende sicher gefallen.

Eva-Maria Bast

So geht's zum Stifterrelief:

Das Relief hängt an der linken Wand im Durchgang zum Garten. Das Juliusspital steht in der Juliuspromenade 19.

UNSEREN
TOTEN

1914·1918
1939·1945
16·3·1945

UND ALLEN
VERSTORBENEN
MITGLIEDERN

Kickers-Denkmal

Den gefallenen Sportlern zu Ehren

Gut möglich, dass es Fans der Würzburger Kickers gibt, die dieses Denkmal noch nie richtig wahrgenommen haben. Dabei steht es direkt oberhalb des Stadions neben dem Haupteingang. Doch wer in Vorfreude auf ein Spiel das Gelände betritt, strebt zu seinem Platz auf den Zuschauerrängen. Und wer das Gelände nach einem Spiel verlässt, geht zielstrebig zum Ausgang – egal, ob die Mannschaft gewonnen oder verloren hat. „Außerdem steht oft noch ein Getränkewagen davor, sodass man das Denkmal erst recht nicht sehen kann", sagt Rainer Adam. Und er muss es wissen. Als Kickers-Chronist und treuer Begleiter des Vereins ist er bestens informiert über alles, was auf und neben dem Rasen passiert. „Ich sammle seit Januar 1962 alles, was mit den Kickers zu tun hat", erzählt er.

So kommt es auch, dass er einer der wenigen ist, die über das Denkmal Bescheid wissen. „Es stand früher am alten

Mit dem Fußball in der Hand erinnern die Engel an die Gefallenen der beiden Weltkriege.

Kickersplatz an der Randersacker Straße", erklärt der gebürtige Würzburger. Die Kickers-Fußballer hatten es zu Ostern 1924, knapp sechs Jahre nach dem Ende des Ersten Weltkriegs, für ihre 107 gefallenen Mannschaftskameraden aufgestellt. Fast ein Drittel der Vereins-

Rainer Adam kennt sich sowohl mit der Geschichte der Würzburger Kickers als auch mit der des Denkmals bestens aus.

mitglieder war nicht aus dem Krieg zurückgekehrt. In der „Festschrift zur Denkmalenthüllungsfeier für die im Weltkriege gefallenen Mitglieder des F.C. Würzburger Kickers" steht zu lesen: „Sie sollen auf immer unvergessen sein. (…) Dieses Denkmal stellen wir auf den Platz unserer sportlichen Arbeit, damit der Geist der Toten immer zugegen sei, wenn hier unsere Jugend übt und kämpft, damit unsere Jugend das Denkmal vor Augen, bei sportlicher Arbeit Ehrfurcht habe vor dem Ernst ihrer selbstlosen Hingabe." Als die Würzburger Kickers 1967 nach 58 Jahren an den Dallenberg umzogen, nahmen sie das Denkmal mit. Schon damals erinnerte es nicht nur an die Vereinsmitglieder, die zwischen 1914 und 1918 ihr Leben ließen, sondern auch an die, die im Zweiten Weltkrieg und beim Bombenangriff auf die Stadt am 16. März 1945 starben. Generationen von Sportlern haben seither unterhalb des Denkmals trainiert, Siege errungen und Niederlagen eingefahren. Wirklich bemerkt haben es dabei aber vermutlich nur wenige.

„Sie sollen auf immer unvergessen sein."

Heike Thissen

So geht's zum Kickers-Denkmal:

Das Denkmal für die gefallenen Sportler steht auf dem Gelände der Arena auf dem Dallenberg links neben dem Haupteingang. Die Arena steht im Mittleren Dallenbergweg 49.

Die Hochwassermarke von 1342.

29

Hochwassermarke

Die Fluten rissen alles fort

E s geschah am 21. Juli 1342. Das war der Magdalenentag: Ein schreckliches Hochwasser brach über Würzburg herein. Die Alte Mainbrücke wurde zertrümmert, viele Häuser in der Stadt zerstört und Ernten auf den umliegenden Feldern vernichtet. Das Wasser ist logischerweise lang schon getrocknet, die Alte Mainbrücke wieder aufgebaut und die Säule an den Domgreden – einem zur Domstraße gerichteten Vorbau – bis zu der das Wasser damals reichte, steht längst nicht mehr.

Doch es gibt noch etwas, das an die Katastrophe erinnert: die oberste Hochwassermarke am Portal des Rathauses, die den Wasserstand vom 21. Juli 1342 anzeigt. Unterhalb dieser Marke finden sich noch viele weitere, von 1784 zum Beispiel, einem Jahr, in dem auch viele andere Flüsse überdurchschnittlich viel Wasser führten. Oder die Hochwassermarke von 1845: In jenem Jahr war der außergewöhnlich hohe Wasserstand auf starke Eisschmelze nach einem kalten und langen Winter zurückzuführen.

Doch die Marke von 1342 ist die höchste. Und obwohl sie ein Hochwasser bezeichnet, das weiter zurückliegt als die anderen, die sich im 18. und 19. Jahrhundert ereigneten, ist sie offenbar erst wenige Jahre alt. Tatsächlich beruht die Jahreszahl auf Schätzungen und wurde erst in jüngerer Zeit dort angebracht. Das ist deutlich am hervorragenden Zustand der Inschrift zu erkennen.

Magister Michael de Leone (um 1300–1355) hat die Ereignisse von damals schriftlich festgehalten. Er berichtet, dass der Main so stark anstieg und über die Ufer trat, dass „die steinerne und prächtige Brücke zu Würzburg mit den Türmen und ihren Mauern sowie den Stadtmauern und auch viele steinerne Häuser dort und ringsherum plötzlich einstürzten.“

Am Rathausportal finden sich zahlreiche Hochwassermarken.

Die Folgen für die Menschen waren verheerend. Das Wasser vernichtete nicht nur die Ernte, was zu grausamen Hungersnöten führte. Es zerstörte auch viele Häuser, was Obdachlosigkeit zur Folge hatte, und es riss Schluchten ins Erdreich, die bis zu 14 Meter tief waren. Michael de Leone schreibt: „Auch traten ungeheure Schäden an den Stadt- und Bauerngütern am Main überall beklagenswerterweise ein."

Würzburg stand mit seinem Schicksal nicht allein da: „Tatsächlich waren auch in anderen Teilen der Welt unerhörte Überschwemmungen der Gewässer. Auch wurden alle unterirdischen Wasserquellen gewissermaßen zerbrochen und die Schleusen des Himmels waren offen. Es fiel Regen auf die Erde wie im 600. Jahr von Noahs Leben, wie man über die Sintflut im 7. Kapitel der Genesis in der Mitte lesen kann", berichtet der Magister.

„Es fiel Regen auf die Erde wie im 600. Jahr von Noahs Leben, wie man über die Sintflut im 7. Kapitel der Genesis in der Mitte lesen kann."

Was muss passieren, damit eine solche Sintflut hereinbricht? Schuld war hier die unter Meteorologen so genannte Fünf-B-Wetterlage, die auch das Elbehochwasser 2002 auslöste. Dabei entstehen „feuchtheiße" Tiefs, die über dem Mittelmeer viel Feuchtigkeit aufnehmen und diese in lang anhaltenden und sehr starken Niederschlägen über Europa abregnen. „Da manchmal im Vorfeld einer Vb-Entwicklung auf der Vorderseite eines bis nach Nordafrika vorstoßenden Höhentroges mit südlicher Strömung heiße Luftmassen aus der Sahara über das Mittelmeer geführt und dann mit viel Feuchtigkeit angereichert nach Norden bewegt werden, führen diese ‚feuchtheißen' Tiefs auf der Vb-Zugbahn auch über der Osthälfte Deutschlands zu lang andauernden und ergiebigen Niederschlägen, die durch eine zusätzliche ‚erzwungene' Aufwärtsbewegung im Bereich der Alpen sowie der östlichen Mittelgebirge dort noch verstärkt werden können", schreibt der Deutsche Wetterdienst.

Außerdem hatte es im Winter 1341/42 viel Schnee gegeben, die Schneeschmelze steigerte den Wasserstand, hinzu kamen starke Regenfälle im Frühling und im Sommer. So etwas gibt es – siehe Elbehochwasser 2002 – auch heute noch. Doch Deutschlands Flüsse sind inzwischen gebändigter und die Menschen dank Vorratshaltung nicht mehr so sehr auf den Erfolg der aktuellen Ernte angewiesen.

Den Magdalenentag bringt man übrigens schon seit Jahrhunderten mit Regen in Verbindung. Es gibt eine Bauernregel, die lautet: „Regnet's am St. Magdalenentag, folgt gewiss mehr Regen nach." Und: „An Magdalena regnet's gern, weil sie weinte um den Herrn."

„Regnet's am St. Magdalenentag, folgt gewiss mehr Regen nach."

Wollte man herausfinden, ob die Bauernregeln zum Magdalenentag in der Zeit entstanden sind, als das katastrophale Hochwasser in Würzburg die Mainbrücke mitriss, müsste man berücksichtigen, dass damals der Julianische Kalender galt und daher im 14. Jahrhundert eine Zeitverschiebung von acht Tagen vorlag: eine Aufgabe, die Meteorologen, Historiker und Mediävisten gemeinsam in Angriff nehmen könnten.

Bis es so weit ist, nehmen wir am Magdalenentag vorsorglich den Regenschirm mit.

Eva-Maria Bast

So geht's zur Hochwassermarke:

Die Hochwassermarken befinden sich am Rathausportal des Zugangs von der Straße „Beim Grafeneckart" aus.

Diese Tafel erinnert an den ehemaligen Besitzer einer Weinlage auf dem Würzburger Stein und das Unternehmen J. W. Meuschel senior.

30

Meuschel-Tafel

Winzer mit Gespür für gute Lagen

W as für ein herrlicher Ausblick! Von der Terrasse des Hotel-Restaurants Steinburg auf dem Würzburger Stein können Gäste hervorragend auf die Stadt hinabblicken. Sie sehen, wie der Main träge durchs Tal fließt und wie die Festung Marienberg über allem wacht. Dass es sich hier oben sehr gut aushalten lässt, hat vor mehr als hundert Jahren auch der Königliche Kommerzienrat Wilhelm Gottlob Meuschel (1834–1921) erkannt. An den Weinhändler erinnert eine verwitterte Steintafel neben der

Rotkreuzsteige. Aber dort steht „J. W. Meuschel senr. Kgl. bay. Hoflieferant Buchbrunn Rüdesheim 1895". Hat sich hier jemand verschrieben? Schließlich stimmen die Initialen nicht mit dem Namen überein!

Es hat alles seine Richtigkeit, beruhigt Winzermeister Johannes Schmitt vom Würzburger Juliusspital. „Genau genommen erinnert die Inschrift an die Weinlage, die dem Unternehmen J. W. Meuschel sen. gehörte", erklärt er. Und dessen Besitzer war um die Jahrhundertwende eben jener Wilhelm Gottlob Meuschel, der die Steinburg kaufte. Sein Vater Johann Wilhelm Meuschel sen. (1788–1858) hatte die Firma gegründet und nach sich selbst benannt. Er war in Buchbrunn bei Kitzingen nicht nur tüchtiger Büttner und Weinbauer, sondern auch findiger Geschäftsmann. Anfang des 19. Jahrhunderts nämlich hatten es die Häcker – so heißen die fränkischen Winzer – schwer, ihre Erzeugnisse loszuwerden. Da kam Meuschel sen. 1928 auf die gleichermaßen geniale wie naheliegende Idee, seinen Wein auch außerhalb des üblichen Absatzmarktes zu verkaufen. Ein völlig neues Geschäftsmodell war gefunden! Beflügelt vom Erfolg gründete er im selben Jahr seine Weinhandelsfirma. Sein jüngster Sohn übernahm das Geschäft nach dem Tod des Vaters und verhalf der Firma zu internationaler Beachtung. Er kaufte neben besten Hanglagen in Kitzingen, auf dem Würzburger Stein und in Rüdesheim am Rhein im Jahr 1900 auch das „Schloss Steinburg". Es diente ihm für den Verkauf und den Ausschank seiner Erzeugnisse. Für die Würzburger wurde das Glas Wein auf dem Stein bald zu einem beliebten Sonntagsvergnügen.

Meuschel war nicht der Erste, der die Idee mit dem Ausflugslokal hatte. Vor ihm hatte bereits der Würzburger Gastronom Peter Schneider 1897/98 in nur neun Monaten Bauzeit in dieser privilegierten Lage eine Burg errichtet. Eigentlich hatte er mit dem „Restaurant zur Steinburg" Großes vor: Er plante eine Eisenbahnstrecke, eine Eisbahn, einen Festplatz mit Musikpavillon und vieles mehr. Doch als ihm das Stadtbauamt immer wieder einen Strich durch die Rechnung machte, verließ ihn die Lust. Frustriert verkaufte er den Bau im Herbst 1900 an den Weinhändler aus Buchbrunn.

> „Genau genommen erinnert die Inschrift an die Weinlage, die dem Unternehmen J. W. Meuschel sen. gehörte."

Unter Wilhelm Gottlob Meuschel florierte sowohl die Steinburg als auch der Weinverkauf. Um die Jahrhundertwende verschickte er seine Weine in die ganze Welt: zu den Weltausstellungen in Philadelphia, Chicago, Antwerpen, Amsterdam, Paris und St. Louis genauso wie zu den Internationalen Ausstellungen in Innsbruck, Wien und Athen. Sie brachten ihm unzählige Medaillen, Diplome und Auszeichnungen ein. Diesen Wein wollte man sich dann auch am bayerischen Königshof nicht entgehen lassen. „Dass sich das Unternehmen Meuschel sen. ‚königlich bayerischer Hoflieferant' nennen durfte, bedeutete, dass es das königliche Wappen führen und Mitglieder der königlichen Familie mit seinen Weinen beliefern durfte", erklärt Johannes Schmitt. Am 24. Februar 1893 war der Firma diese Ehre verliehen worden.

Winzermeister Johannes Schmitt kennt sich auf dem Würzburger Stein bestens aus - mit dem Bismarck-Turm, aber auch mit der Meuschel-Tafel.

Doch nach dem Tod von Wilhelm Gottlob Meuschel 1921 scheint etwas schiefgegangen zu sein. Die Steinburg und die 60 Morgen Weinberg, Ödland und Ackerland auf dem Stein, die das Unternehmen J. W. Meuschel sen. besessen hatte, wurden zwangsversteigert. Das Würzburger Bürgerspital erhielt den Zuschlag für 136.000 Reichsmark und verkaufte das Gebäude im selben Jahr an Familie Bezold. Diese führt noch heute das „Schlosshotel Steinburg", wie es inzwischen heißt. Und das mit mindestens so großem Erfolg wie Meuschel vor mehr als 100 Jahren.

Heike Thissen

So geht's zur Meuschel-Tafel:

Die Steintafel, die an J. W. Meuschel sen. erinnert, ist auf dem Würzburger Stein in eine Mauer eingelassen. Diese steht dort, wo die Rotkreuzsteige den Mittleren Steinbergweg am Weingut Knoll kreuzt.

Ehemaliges Varieté
Bühne frei für Muskelspiel und Gesang

*E*s ist nur wenig geblieben: Eine unspektakuläre Inschrift in Stein ist das einzige Relikt, das noch heute an das Varieté Odeon erinnert. Weil es nicht stolz zur Augustinerstraße, sondern verborgen Richtung Rittergasse zeigt, gerät die Geschichte des Hauses immer weiter in Vergessenheit. Und das, obwohl das Theater einst einen exzellenten Ruf besaß und zu den besten Varietébühnen Deutschlands zählte. „Über mehrere Jahrzehnte hat das hier gezeigte Programm Würzburger Frauen und Männer jeden Alters begeistert und beeindruckt", erzählt Stadtrat Willi Dürrnagel. Er kennt sich mit der Geschichte des Hauses gut aus: „In diesem Varieté wurde alles geboten, was die Leute von damals gern sahen: Ringkämpfe, Zauberkünstler, Fahrradakrobatik und vieles mehr."

„In diesem Varieté wurde alles geboten, was die Leute von damals gern sahen: Ringkämpfe, Zauberkünstler, Fahrradakrobatik und vieles mehr."

Im Gegensatz zu den gelegentlichen Varieté-Aufführungen im Huttenschen oder im Platzschen Garten, waren Darbietungen im Odeon ab 1897 oft wochenlang zu sehen. Der erste Besitzer und gleichzeitige Direktor des Hauses, Hans Hammerbacher, war von Beginn an ehrgeizig mit seinem Programm. Zur Eröffnung warb er in einer großen Zeitungsannonce für sein Haus: „Die am Montag, 15. August, Abends 6 Uhr, stattfindende Eröffnung des von mir käuflich erworbenen, mit allem neuzeitlichen Komfort ausgestatteten Varieté-Theaters ‚Odeon' (…) erlaube ich mir ergebenst und mit der Versicherung anzuzeigen, daß mein Bestreben fortgesetzt darauf gerichtet sein wird, mein Etablissement durch vorzügliche, künstlerische Darbietungen im Rahmen eines dezenten Familien-Programms zu einem allzeit angenehmen und unterhaltenden Aufenthalt zu gestalten." Hammerbacher, ein schwerer Mann mit Schnauzbart, der nie etwas anderes als braune

Alles, was vom beliebten Varieté geblieben ist, ist eine versteckte Inschrift an der Rückseite des Hauses.

oder schwarze Gehröcke trug, hatte den Mund nicht zu voll genommen. „Die Liedersängerin Irma Dolozel, die sich nicht nur durch hübschen Vortrag ihrer Gesänge, sondern auch durch dezentes Auftreten und stets geschmackvolle Toilette auszeichnet" war laut Zeitungsartikeln genauso auf der Bühne vertreten wie „Mr. Charles Leeb mit seinen beiden auf dem Gipfel der Dressur stehenden Affen" und die „sechs feschen ‚Weaner Madln‘, ‚Les Ramoneurs‘ genannt, die, als ‚Schornsteinfeger‘ kostümiert, sich zu sehr niedlichen ‚Schmetterlingen‘ entpuppen."

Für Hammerbacher habe nur die leichte Unterhaltung gezählt. Aber abends um zehn Uhr sei Schluss gewesen, schließlich habe er seine Besucher nicht um ihren Schlaf bringen wollen, erzählt Willi Dürrnagel schmunzelnd. Und damit auch Familien und ältere Würzburger vom Programm profitieren konnten, gab es sonntags eine Nachmittagsvorstellung um 14 Uhr. Willi Dürrnagel weiß, was die Würzburger am liebsten sahen: „Immer am 1. Mai begannen die internationalen Ringkämpfe. Jeder Bub träumte davon,

Wo heute Discobesucher nachts Einlass begehren, standen einst Familien mit ihren Kindern an. Und abends um 22 Uhr war Schluss.

einmal dabei zu sein. Die drückten sich an den Plakaten die Nasen platt und verehrten die Kämpfer wie Helden."

Der Erste Weltkrieg und die Inflation beendeten den großen Erfolg des Varietés vorerst, bis es 1923 als Lichtspiel-Theater wiedereröffnet wurde. Hans Hammerbacher war da bereits 13 Jahre tot, und doch wehte sein Geist weiter durch das Gebäude. Jedenfalls dann, wenn es um den Stil der Zeitungs-Annoncen ging: „Das Odeon wurde durch Umbau zu einem der Neuzeit entsprechenden, modernen, mit allem Komfort ausgestatteten Lichtspiel-Theater eingerichtet. Es wurden keine Kosten und Mühen gescheut, um dem verehrten Würzburger Publikum einen in jeder Hinsicht angenehmen Aufenthalt zu bieten." Von da an strömten die Würzburger wieder ins „O-Li", wie sie das Gebäude in der Augustinerstraße 18 liebevoll nannten. Und

„Immer am 1. Mai begannen die internationalen Ringkämpfe. Jeder Bub träumte davon, einmal dabei zu sein."

auch nachdem es im Zweiten Weltkrieg komplett ausgebrannt war, nahm schon bald das nächste Kino den Betrieb auf. Bis heute war das Odeon immer wieder abwechselnd Lichtspielhaus und Tanzlokal. Dressierte Affen oder muskulöse Männer in schreiend roten Trikots sucht man dort jedoch längst vergebens.

Heike Thissen

So geht's zum ehemaligen Varieté:

Das Gebäude, in dem sich das Varieté befand, steht in der Augustinerstraße 18. Die Inschrift ist von der Rittergasse aus zu sehen, gegenüber der Hausnummer 6.

Horst Tony Walter legt eine Rose auf das Grab von Walther von der Vogelweide.

32
Gedenkstein mit Blumen
Erinnerung und Hoffnung für Verliebte

N ein, Horst Tony Walter ist nicht unglücklich verliebt. Aber zum Gedenkstein für Walther von der Vogelweide (um 1170–1230) zieht es ihn trotzdem immer wieder – weil er den Ort so schön findet. Was ein Gedenkstein für einen Minnesänger mit unglücklich Verliebten zu tun hat? „Angeblich soll es gegen Liebeskummer helfen, wenn man hier Blumen niederlegt", erzählt Horst Tony Walter.

Der Gedenkstein für Walther von der Vogelweide steht, wo er steht, weil der Minnesänger, wie der Stadtführer erklärt, höchstwahrscheinlich hier beerdigt ist. Der Würzburger leitende Notar der kaiserlichen Administration, Michael de Leone († 1355), verkündete einst, er habe das Grab gesehen, und gab sogar dessen Inschrift wieder: „Pascua. qui volucrum. vivus. walthere. fuisti / Qui flos eloquij. qui palladis os. obiisti. / Ergo quod aureolum probitas tua possit habere. / Qui legit. Hic. dicat. deus iustus miserere." *„Angeblich soll es gegen Liebeskummer helfen, wenn man hier Blumen niederlegt."*
Will heißen: „Der du eine Weide für die Vögel, Walther, im Leben bist gewesen, eine Blume des Ausdrucks, ein Mund der Paläste, bist nun tot. Wer's liest, was Herrliches Deine Redlichkeit enthalten kann, der sprich: Gerechter Gott, erbarme Dich!"

Walther von der Vogelweide hat nicht nur einen malerischen Namen und dank der Legende mit dem Liebeskummer stets frische Blumen auf seinem Grab, nein, er hatte auch ein aufregendes Leben, das durchweg von der Literatur geprägt war, und er war so etwas wie ein mittelalterlicher Marketingmann:

Mit seinen Gedichten besingt er die Herrscher, denen er jeweils zugetan ist, und macht für sie Propaganda. Dem Zitat „ze Ôsterrîche lernt ich singen unde sagen", lässt sich entnehmen, dass er dort wohl seine Jugend verbrachte. Er soll am Hof von Herzog Friedrich I. von Österreich (um 1175–1198) und danach am Hof des staufischen Königs Philipp von Schwaben (1177–1208) tätig gewesen sein und auch dessen Krönung im September 1198 dichterisch verarbeitet haben. Walther von der Vogelweide ist aber auch an anderen Höfen Europas aktiv, zum Beispiel bei Landgraf Hermann I. von Thüringen (1155–1217), wo er sich aber offenbar nicht wirklich wohlfühlt: Zu laut sind ihm die Ritter, die sich mehr für den Wein als für seine Lyrik interessieren. Nachdem König Philipp 1208 ermordet wird – oder vielleicht auch schon früher – schließt sich Walther dem Welfen Otto (1175 oder 1176–1218) an. Ein Jahr später wird dieser als Otto IV. zum Kaiser gekrönt. Doch das Band zwischen den beiden währt nicht lange: 1212 lässt sich der Minnesänger in seinen Versen über Ottos Geiz aus, danach ist es rum mit der Freundschaft. Walther von der Vogelweide kommt nun ins Gefolge von Ottos Gegner, dem Staufer Friedrich II. (1194–1250). Von ihm erhält er Land oder Lehen, das sogar in Würzburg gelegen haben könnte. In seiner Dichtung kommentiert er die Reichspolitik, wie zum Beispiel den Streit zwischen Philipp und Otto um die Krone (siehe Geheimnis 33). Gar nicht gut weg kommen in Walther von der Vogelweides Werk die Päpste. Vor allem die Kollekte des Papstes Innozenz III. (um 1160–1216) prangert er an. Auch kämpft er vehement gegen die päpstliche Forderung, der Kaiser solle dem Papst unterstellt werden.

Doch Walther von der Vogelweide widmet sich eben nicht nur der Politik, sondern er schreibt auch Liebeslieder – die von unerfüllter Liebe handeln. Daher ist es irgendwie logisch, dass unglücklich Liebende Blumen auf seinen Gedenkstein legen. Der Dichter würde sich wohl besonders darüber freuen, wenn jemand Blumen niederlegt, die Vögel mögen, also zum Beispiel Sonnenblumen. Einer Legende zufolge wünschte Walther von der Vogelweide, dass an seinem Grab täglich Vögel gefüttert werden sollen, um diesen – seinen sangesfreudigen Lehrmeistern – auf ewig zu danken und mit ihrem Gezwitscher dann den einen oder anderen, der ihren Gesang hört, zur Dichtung zu inspirieren.

Das könnte auch das beste Rezept gegen Liebeskummer sein: Sonnenblumen niederlegen, sich im stillen Lusamgärtchen niedersetzen und auf das Vogelgezwitscher lauschen. Vielleicht inspiriert das ja, wie es Walther von der Vogelweides Wunsch war, den unglücklich Verliebten derart, dass er große Meisterwerke vollbringt. Und so seinen Liebeskummer verarbeitet.

Eva-Maria Bast

....
So geht's zum Gedenkstein:

Der Gedenkstein für Walther von der Vogelweide befindet sich im Lusamgärtchen neben der Neumünsterkirche. Der Gedenkstein ist schwer zu übersehen, da er ständig mit Schnittblumen übersät ist.

Rüdiger Seyler in der Krypta an der Tumba des Bischofs Konrad.

Tumba

Ein schrecklicher Mord an einem Bischof

E s war am 3. Dezember 1202, als sich in Würzburg ein grausamer Mord ereignete: Bischof Konrad von Querfurt (um 1160–1202) musste sein Leben lassen. Seine Mörder: Bodo II. von Ravensburg, Heinrich Hund von Falkenberg und deren Knechte Herold und Konrad. Der Ort des Mordes: in der Nähe des Domes, in dessen Krypta sich heute seine Tumba befindet. Warum musste der Bischof sterben? Letztendlich ging es um Macht und Besitz: In beidem fühlten sich die Täter, Bodo II. und Heinrich Hund von Falkenberg, durch den Bischof bedroht.

„Konrad von Querfurth hatte ein sehr bewegtes Leben", erzählt Dom-Kenner Rüdiger Seyler. „Er stammte aus einer adeligen Familie

115

aus Querfurth und hat eine große Karriere hingelegt." Konrad von Querfurt diente zwei Königen als Reichskanzler, zuerst Heinrich VI. (1165–1197) und dann, nach dessen Tod, dessen Bruder Philipp von Schwaben (1177–1208). Dass Konrad auch gleichzeitig Bischof war, schmeckte seinem einstigen Studienfreund Lothar von Segni (um 1160–1216), der inzwischen Papst Innozenz III. war, gar nicht und er forderte ihn auf, das neu erhaltene Bistum wegen Ämterhäufung wieder aufzugeben. Immerhin war Konrad von Querfurt im Jahre 1198 Reichskanzler, Bischof von Hildesheim und Bischof von Würzburg! Auf Konrads Weigerung hin wurde er exkommuniziert und unterwarf sich: 1199 gab er das Bistum Hildesheim auf, wollte auch auf Würzburg verzichten und leistete dem Papst Abbitte. Daraufhin erteilte Innozenz III. ihm die Absolution und bestätigte ihn als Bischof von Würzburg. Als Inhaber dieser Position verfolgte Konrad das Ziel, seine Herrschaft auszubauen – mit Burganlagen und Stadtgründungen. „Dadurch gefährdete er aber die Macht der Ravensburger", erklärt Seyler. Denn Konrad von Querfurt war kein Träumer, sondern ein Macher. Aufgrund der Auseinandersetzungen zwischen Staufern und Welfen baute er die Festung Marienberg aus und gründete mehrere Städte, darunter im Jahre 1200 auch Karlstadt, um das Würzburger Bistum besser verteidigen zu können.

Der Streit zwischen dem Bischof und den Ravensburgern währte schon einige Jahre, als sie Konrad von Querfurt ermordeten. Heinrich Hund von Falkenberg und Bodo II. von Ravensburg hatten bereits erbittert mit dem Schultheißen Eckard um das Unterburggrafenamt zu Würzburg gestritten. Auch damals schon begingen die Ravensburger einen Mord: Sie brachten den Schultheißen kurzerhand um. „Das wollte sich Bischof Konrad nicht gefallen lassen, er ließ den Würzburger Hof der Ravensburger zerstören

„Außerdem ließ er ihren Weinkeller leeren und den Wein auf die Straße kippen."

und belangte sie mit einer hohen Geldstrafe. Außerdem ließ er ihren Weinkeller leeren und den Wein auf die Straße kippen", erzählt Rüdiger Seyler. Das führte dazu, dass die Ravensburger Rache üben wollten und am Königshof gegen den Bischof intrigierten. Mit Erfolg: Philipp von Schwaben wurde misstrauisch, auch weil sein Kanzler so schnell sein Bistum vom Papst zurückerhalten hatte. Und nun kommt die Rivalität zwischen Staufern und Welfen wieder ins Spiel: Peter Rückert schreibt in einem Aufsatz über den Mord: „Spätestens als der Papst im März 1201 den Welfen Otto als deutschen König anerkannte, fiel auch Konrad vom Staufer Philipp ab." Bischof Konrad von Würzburg schlug sich also auf die Seite des Papstes und des von diesem unterstützten Gegners des Staufers. Philipp von Schwaben entzog ihm deshalb das Kanzleramt und begann einen Feldzug gegen ihn.

Als Philipp in Würzburg ankam, war sein einstiger Kanzler Konrad von Querfurth aber schon tot und die Mörder geflohen. Papst Innozenz verhängte den Bann über die Täter und forderte schwere Buße: Sie mussten im Heiligen Land vier Jahre gegen die Sarazenen kämpfen. „Später wurde festgelegt, dass sie sich vier Mal im Jahr bis auf eine Unterhose ausziehen und mit einem Büßerstrick an den Dom stellen mussten", erzählt Seyler, der aber vermutet, dass es dazu nie wirklich kam. Die Ravensburger hätten durch den Vorfall Teile ihres Vermögens verloren, seien aber „relativ rasch in ihre alten Rechte eingesetzt worden", während die Falkenberger 200 Jahre bis zur Rehabilitation hätten warten müssen.

Zum Gedenken an den Mord an Bischof Konrad von Querfurt wurde neben dem Dom eine mittelalterliche Totenleuchte gesetzt, die heute allerdings nicht mehr erhalten ist, sondern durch eine neue Stehle ersetzt wurde. Der Ermordete ruht tief in der Krypta des Doms. Jedes Jahr schmückt an seinem Todestag ein Blumenkranz des Deutschen Ordens sein Grab. Denn Konrad war bei der Gründung des Deutschen Ordens im Heiligen Land beteiligt. Dafür danken ihm dessen Mitglieder auch heute noch.

Eva-Maria Bast

....

So geht's zur Tumba:

Die Tumba befindet sich in der Krypta des Würzburger Doms.
Die Stehle steht neben dem Dom in der Straße „Am Bruderhof"
zwischen dem Burkardushaus und dem Dom.

Volksgarten
Grüne Oase abseits der Stadt

Früher einmal war auf dem Gelände der Adresse Steinbachtal 60 ein bunter Mix aus fröhlichem Stimmengewirr, ausgelassenem Kinderlachen und klirrenden Bierkrügen zu hören. Doch heute rauscht hier nur der Wind in den Kastanienbäumen und die Vögel zwitschern. Das Eingangstor ist geschlossen, die Terrassen sind leer, der Ausschank ist dicht. Denn die einst so beliebte Gartenwirtschaft „Volksgarten" gibt es nicht mehr.

„Das war einer der beliebtesten Ausflugsorte der Würzburger", sagt Rainer Adam. Viele Feste seien in dem Biergarten über Generationen

> *„Das war einer der beliebtesten Ausflugsorte der Würzburger."*

gefeiert worden. Der gebürtige Würzburger ist nicht nur Beatles-Fan und archiviert alles, was er zum Fußballverein der „Würzburger Kickers" finden kann. Er war auch einer der häufigsten Gäste in der 111-jährigen Geschichte des Volksgartens und hat an der Chronik mitgeschrieben, die zum 100. Geburtstag erschienen ist. Seit der Biergarten im September 2012 seinen Betrieb einstellte, sorgt Rainer Adam dafür, dass die Natur sich die Anlage nicht komplett zurückholt. „Ich komme zum Gießen und habe ein bisschen ein Auge auf alles", erklärt er. Der Volksgarten liegt ihm am Herzen. „Ich bin seit Mitte der 80er-Jahre regelmäßig hier. Der Blick ist einfach wunderbar und die Atmosphäre einmalig", schwärmt Adam.

Dort, wo er jahrzehntelang saß und sein frisch gezapftes Pils trank, hat einer der Wirte irgendwann einmal ein kleines Schild an einem der Holzbalken auf der obersten Terrasse angebracht: „Rainer Adam's Place" steht dort auch heute noch zu lesen. „Inzwischen habe ich meinen Platz hier oben für mich allein", schmunzelt er. Die Beine hochlegen, in Ruhe ein Bier trinken und den Blick schweifen lassen: So ließ es sich aushalten im Steinbachtal, als im Volksgarten noch serviert wurde. In guten Zeiten waren die mehr als 600 Sitzplätze alle besetzt.

Der Eingang zum ehemaligen Biergarten „Volksgarten".

Die „guten Zeiten" begannen 1901. Damals ließ der Gastronom und Weinhändler Franz Pickel zusammen mit Georg Beer, dem Besitzer der Brauerei Sanderbräu, im Steinbachtal eine große Terrasse mit Bäumen und zwei hölzerne Pavillons auf einer Empore bauen. Erst wenige Jahre zuvor hatte der Würzburger Verschönerungsverein die Gegend zum Naherholungsgebiet erkoren und alles darangesetzt, das Tal zu einem lauschigen Flecken Erde unweit der Stadtmitte zu machen. Pickel und Beer leisteten ihren Beitrag, indem sie den Wanderern, die in den heißen Sommern zu Hunderten aus der Stadt flohen, einen Platz zum Rasten und Ruhen schufen. Nach kurzer Bauzeit eröffneten sie am 23. Juni 1901 erst einmal provisorisch, hängten ein Schild „Bitte Vesper vorläufig mitbringen!" auf und schenkten Bier aus. Im März 1902 folgte dann die offizielle Eröffnung. Seither tragen die achteckigen Türmchen schiefergedeckte Haubendächer und sehen aus, als stammten sie aus einer anderen Welt.

Hier ist sein Platz: Rainer Adam auf der Terrasse des „Volksgarten" neben dem für ihn geschaffenen Schild.

Und genau genommen ist das ja auch so: Als sie gebaut wurden, war die Ludwigsbrücke gerade neu errichtet. Auf einmal konnten die Würzburger bequem von der Innenstadt ins Steinbachtal gelangen. Eine Straßenbahn fuhr ab 1902 ebenfalls in diese Richtung und von der

120

Sanderau brachte eine Fähre die Menschen ans andere Ufer. In der Kühle des Naherholungsgebiets genossen die Würzburger und ihre Gäste im Sommer frische Hausmacher Wurst und andere Biergarten-Spezialitäten unter freiem Himmel, dazu gab es erst Kulmbacher und später Distelhäuser Bier. Unter der Besitzerfamilie Öchsner, die sich 35 Jahre lang um den Betrieb kümmerte, machte der Volksgarten seinem Namen alle Ehre. Doch als die Öchsners sich aus Altersgründen hinter der Theke verabschiedeten, wechselte erst mehrmals der Betreiber, inzwischen ruht der Betrieb komplett. Was aus dem Gelände werden soll, ist unklar. Derweil ist die Natur auf dem Vormarsch: Überall sprießen Kastanienbäumchen aus dem Boden und Schlingpflanzen bahnen sich den Weg durch die Fenster in die Gebäude hinein.

„Die Zeiten haben sich geändert", bedauert Rainer Adam. Inzwischen haben viele Restaurants in der Innenstadt ihre eigenen Terrassen, am Main weckt gar ein aufgeschütteter Sandstrand Urlaubsgefühle. Doch obwohl die letzten Gäste des Volksgartens längst ihre Zeche gezahlt und ihr Glas geleert haben, sitzt er regelmäßig an seinem angestammten Platz und schaut von „Rainer Adam's Place" ins Grüne.

Heike Thissen

So geht's zum Volksgarten:

Der ehemalige Biergarten „Volksgarten" liegt im Steinbachtal, Hausnummer 60.

Der rätselhafte Fußabdruck.

35 Fußabdruck

Aschenputtel in Würzburg

„Maria hatte wohl Schuhgröße 42", scherzt Würzburg-Kenner Horst Tony Walter. Er setzt seinen Fuß – Größe 42 – in den steinernen Fußabdruck, der sich auf dem Weg zum Käppele neben der Treppe befindet. Und stellt fest, dass sein Schuh wie angegossen in den Abdruck passt. Wäre Horst Tony Walter eine Frau auf der Suche nach ihrem Prinzen, würde sich einem jetzt der Vergleich mit dem Märchen Aschenputtel und dem Ausruf der Taube „Ruckedigu, Ruckedigu, Blut ist im Schuh!" aufdrängen. Aber Horst Tony Walter ist erstens keine Frau und zweitens nicht auf der Suche nach einem Prinzen, sondern er ist ein Würzburger auf der Suche nach Geheimnissen. Die Geschichte dieses Geheimnisses kennt er – zumindest teilweise. Der Legende nach, sagt Walter, sei die Gottesmutter Maria persönlich für diesen Fußabdruck verantwortlich. „Auf ihrer Flucht nach Ägypten soll sie durch Würzburg gekommen und der Stein unter ihrem Fuß regelrecht eingeschmolzen sein." Früher habe es neben dem großen auch noch einen Stein mit einem kleinen Fußabdruck gegeben, der aber inzwischen nicht mehr vorhanden ist. „Man sagte, es sei die Spur des Jesuskindes", erzählt Walter. In den vergangenen Jahrhunderten hat sich manch ein Autor mit dem Fußabdruck auf dem Weg zum Käppele, der nach Plänen von Balthasar Neumann erbauten Wallfahrtskirche, beschäftigt. Johann Wilhelm Wolf schrieb im Jahre 1857: „(...) auf dem Käppele zu Würzburg zeigt man noch die fusspuren Maria's, die mit dem Jesuskind eines tags hinaufgestiegen sein soll."

Was es genau mit dem Fußabdruck auf sich hat, wisse man nicht, sagt Horst Tony Walter. Im Handwörterbuch des deutschen Aberglaubens steht dazu: „Überall auf Erden werden F.en (Fußspuren) angezeigt, an welche sich die Erinnerung an Götter, Heilige, berühmte Menschen, Hexen, Riesen

Horst Tony Walter stellt fest: Sein Schuh passt außerordentlich gut in den Abdruck.

und Teufel knüpft." Heinrich Seidl verweist in einem Aufsatz über die Fußspuren auf Bischof Christian Caminada (1876–1962), der schrieb: „Vielleicht holte der prähistorische Mensch seine Braut vom Opferstein herunter, wo ihr Fuß die Fußspur der Gottheit berührt hatte, um Glück und Fruchtbarkeit ins Haus zu tragen."

Insofern stimmt der Vergleich mit Aschenputtel irgendwie doch. Wer weiß: Vielleicht bringt es Verlobungspaaren ja Glück, den Weg zum Käppele hinaufzugehen, damit die Braut ihren Fuß in den Abdruck stellen und ihr künftiger Gatte ihr die Hand reichen kann.

Eva-Maria Bast

So geht's zum Fußabdruck:

Der Abdruck des Marienfußes liegt auf der zweiten Ebene des Stationswegs zum Käppele am Fuße der linken Treppe.

Elefantengasse

Von Dickhäutern im Peterviertel

Die Elefantengasse trägt definitiv einen Namen, der stutzen lässt. Warum wohl gibt es ausgerechnet im Peterviertel eine kleine Straße, die nach einem solch exotischen Tier benannt ist? Diese Frage hat sich auch der Würzburger Nachtwächter und Rechtsanwalt Wolfgang Mainka gestellt. „Bei meiner Suche nach der Antwort habe ich zuerst an Giovanni Battista Tiepolos Deckengemälde in der Würzburger Residenz gedacht", erklärt er. Denn in diesem größten zusammenhängenden Decken-Fresko der Welt hat der Maler aus Venedig (1696–1770) die vier damals bekannten Kontinente dargestellt. Für Asien malte der Künstler in den Jahren 1752 und 1753 einen prächtig geschmückten Elefanten – mit unverhältnismäßig langem Rüssel und sehr eigenartigen Beinen. „Kein Wunder, dass das Tier so aussieht. Tiepolo hatte noch nie mit eigenen Augen einen Elefanten gesehen und sich lediglich an dem orientiert, was andere ihm erzählt haben. Dafür ist das Tier eigentlich ganz gut gelungen", schmunzelt Wolfgang Mainka. Gibt es also einen Zusammenhang zwischen Tiepolos Elefanten und der Gasse nahe der Kirche St. Peter und Paul? Wohl kaum. Denn der Name des Sträßleins ist älter als das imposante Gemälde im Treppenaufgang der Residenz.

Mainka fragte sich auch, ob vielleicht einmal ein Elefant in Würzburg derart für Aufsehen gesorgt haben könnte, dass man eine Gasse nach ihm benannte. Schließlich gibt es die Straße schon viel länger, als

Die Elefantengasse liegt im Peterviertel.

Wolfgang Mainka hat sich mehrere Erklärungen für den Namen „Elefantengasse" überlegt.

Menschen die Dickhäuter ganz unkompliziert im Zoo, im Zirkus oder auf einer Safari durch die afrikanische Savanne beobachten können. Elefanten müssen – wo immer sie auch auftraten – eine Sensation gewesen sein. „In Rom beispielsweise sorgte im Jahr 1514 ein Elefant namens Hanno für Furore. Er war ein Geschenk für Papst Leo X., der mit dem Tier gerne vor den Römern angab", erzählt Mainka. Doch diese hätten es wohl zu gut mit Hanno gemeint und ihn so lange mit Süßigkeiten gefüttert, bis er unter Verstopfung litt. „Das arme Tier ist kläglich an einem mit Gold angereicherten Abführmittel gestorben", führt Mainka die Geschichte zu Ende. Hatte sich in Würzburg etwas Vergleichbares abgespielt? Davon ist nichts überliefert.

Die Erklärung, die der Würzburg-Kenner für den Namen der Elefantengasse schließlich fand, ist nicht so weit hergeholt. „Tatsächlich ist es so, dass die Gasse ihren Namen von einem Hof erhalten hat, der sich hier befand, nämlich vom ‚Hof zum Elefanten‘", erklärt er. Genaueres lässt sich heute nicht mehr dazu herausfinden. Im Gegensatz zu Giovanni Battista Tiepolo hatte der Besitzer aber anscheinend eine sehr konkrete

> *„Tatsächlich ist es so, dass die Gasse ihren Namen von einem Hof erhalten hat, der sich hier befand, nämlich vom ‚Hof zum Elefanten‘."*

Vorstellung von einem Dickhäuter. Denn das entsprechende Haus mit der Nummer 7 besaß einen in Stein gehauenen Elefanten, der die Jahreszahl 1693 trug. Vielleicht hätte es genügt, wenn Tiepolo während seiner Arbeit an dem Deckengemälde einfach einmal die sieben Minuten Fußweg in die Elefantengasse zurückgelegt und einen Blick auf das Tier dort geworfen hätte? Gut möglich, dass dann der asiatische Elefant an der Decke des Treppenhauses in der Residenz noch besser gelungen wäre, als er es ohnehin schon ist.

Heike Thissen

....

So geht's zur Elefantengasse:

Die Elefantengasse liegt zwischen Sanderstraße und Peterplatz im Peterviertel.

Die Geschichte der Madonna mit der Lampe ist rührend und bewegend.

37

Madonna mit der Lampe

Mit der Kinderschaufel ausgegraben

E s ist eine durch und durch anrührende Geschichte und sie ereignete sich im Zweiten Weltkrieg. Wie die meisten Männer, musste auch der Würzburger Rudolf Edwin Kuhn an die Front und erlebte daher den schweren Luftangriff auf Würzburg vom 16. März 1945 (siehe Geheimnis 4) nicht mit. Als er davon erfuhr, war er außer sich vor Sorge um seine Eltern, schließlich war beinah die ganze Stadt zerstört worden. „Er schwor sich, eine Madonnenstatue zu restaurieren, wenn seine Eltern noch leben", erzählt Madonnen-Kennerin Christine Hofstetter. Der Soldat bekam aufgrund der Ereignisse in seiner Heimatstadt Sonderurlaub – und tatsächlich traf Rudolf Edwin Kuhn seine Eltern lebend an. Er hielt Wort, und sogar noch mehr als das: „Rudolf Edwin Kuhn grub in den ersten vier Jahren nach dem Angriff in harter Arbeit 32 Madonnenplastiken aus dem Schutt und setzte sie gemeinsam mit dem Bildhauermeister Georg Schneider wieder zusammen", sagt die Stadtführerin bewundernd. Schon vor Ausbruch des Zweiten Weltkrieges hatte Kuhn sich ausführlich mit Würzburgs Madonnen befasst und eine Karte mit ihren Standorten erstellt, was später bei der Bergung der Heiligenfiguren in der verschütteten Stadt sehr hilfreich war. Auch die Madonna, die in der Blasiusgasse 9 steht, wurde von Kuhn gerettet. „Mangels besserem Werkzeug grub er sie mit der Kinderschaufel aus und stieß zuerst auf ihren abgetrennten Kopf", beschreibt Hofstetter. Ebenfalls in den Trümmern gefunden wurde die Laterne, die restauriert und der Madonnenfigur beigegeben wurde. „Fast alle Madonnen hatten damals einen Leuchter, den Vorläufer der elektrischen Straßenlaterne, bei sich."

Diese Lampe wurde aus Trümmern gerettet.

Die Geschichte ist anrührend und steht in historischem Kontext, was Kuhn als großer Madonnenkenner – 1949 promovierte er mit „Die Würzburger Madonnenplastik in der II. Hälfte des 17. und im 18. Jahrhundert" – vermutlich gewusst hat. „Die eigentliche Blüte der Madonnenplastik fällt in die Zeit nach dem Dreißigjährigen Krieg, etwa in das Jahrhundert von 1670–1770", blickt Christine Hofstetter in die Geschichte zurück. „Die Hilferufe, die während der Schrecken und Leiden des Dreißigjährigen Krieges an Maria gerichtet worden waren, schlugen sich nach dem Krieg in der Stiftung zahlreicher Madonnen nieder" (siehe Geheimnis 11). Man habe die Madonnen aus Dankbarkeit, zur Gelübde-Erfüllung oder aus neu erwachter Lebensfreude gestiftet.

> *„Die Hilferufe, die während der Schrecken und Leiden des Dreißigjährigen Krieges an Maria gerichtet worden waren, schlugen sich nach dem Krieg in der Stiftung zahlreicher Madonnen nieder."*

Mehr als 300 Jahre später kniete der Soldat Kuhn nach einem furchtbaren Krieg auf seinem Heimatboden nieder, um sein Gelübde zu erfüllen, weil seine Eltern den Bombenhagel tatsächlich überlebt hatten. Und es kann als Sinnbild für das Ausmaß der Zerstörung – und natürlich auch für das Ausmaß seiner Dankbarkeit – angesehen werden, dass es nicht nur, wie er sich vorgenommen hatte, eine Madonna war, die er ausgrub und restaurierte, sondern 32.

Eva-Maria Bast

So geht's zur Madonna mit der Lampe:

Die Madonna hängt am Eck des Gebäudes Blasiusgasse 9.

38

Badergasse

Mit allen Wassern gewaschen

Eigentlich denkt man sich nichts, wenn man das Schild „Badergasse" in der Würzburger Innenstadt passiert. Es ist schließlich eine Straße wie jede andere. Aber woher hat sie ihren Namen? Ein Bad, zumindest eines, das über die Privatbadezimmer in den Wohnhäusern hinausgeht, sucht man hier vergeblich. Das war aber nicht immer so: „Hier befand sich im Mittelalter eine Badestube", sagt Stadtführerin Monika Kania-Doerck. Und interessanterweise ging es hier nicht nur um Reinlichkeit, sondern auch um Sauereien. Wie das?

„Die erste schriftlich erwähnte Badestube ‚Zum Löwen' gab es bereits 1298", erzählt die Würzburgerin. „Wo genau sie sich befand, wissen wir nicht. Und es wurde dort nicht nur gebadet, sondern es waren Orte der Geselligkeit." Trotz Geselligkeit, sagt Monika Kania-Doerck, sei es damals noch recht gesittet zugegangen. Erst im 16. Jahrhundert, genauer 1514, wurde das anders. Ab dieser Zeit gab es viele nicht verheiratete und ‚verlewnte frawen', die einen schlechten Ruf hatten, verleumdet wurden: Prostituierte. Sie gaben einer anderen Badestube mit dem Namen „Zum Becken" eine sehr eigene Note. „Die Abtrennungen zwischen den einzelnen Bädern waren mangelhaft und es kam zu unziemlichen Handlungen." Und irgendwann wurde dann gar nicht mehr abgetrennt, „man badete zusammen, amüsierte sich, spielte, trank und trieb Allotria (Unfug) nach Herzenslust." Nun erfolgte die Bedienung durch Bademägde, „und ihre Liebreize waren käuflich", sagt Monika Kania-Doerck. „Anfang des 16. Jahrhunderts sind manche Badestuben zu förmlichen Hurenhäusern geworden und das nicht nur in Würzburg!" Allerdings waren das Ausnahmen: die meisten Badehäuser blieben „anständige" Orte, in denen dem ursprünglichen Zweck nachgegangen wurde.

„In jedem Viertel gab es eine oder mehrere Badestuben. Wer es sich leisten konnte, hat sich hier ein Bad in der Woche gegönnt", sagt

Monika Kania-Doerck schaut sich das Schild an.

Monika Kania-Doerck. Und nicht nur ein Bad: „In den Badestuben wurde praktisch alles gemacht, hier haben die Bader gearbeitet, Zähne gezogen, Brüche gerichtet, zur Ader gelassen, geschröpft, Haare wurden gekämmt und gezwarkt." Gezwarkt? „Man hat damals noch kein Shampoo verwendet, sondern das Ungeziefer mit Kleie aus den Haaren gewaschen. Die

> *„In den Badestuben wurde praktisch alles gemacht, hier haben die Bader gearbeitet, Zähne gezogen, Brüche gerichtet, zur Ader gelassen, geschröpft, Haare wurden gekämmt und gezwarkt."*

Köpfe wurden dabei ziemlich grob gerieben und das soll auch etwas schmerzhaft gewesen sein", erklärt die Stadtführerin. Diese Badetage seien wichtig und begehrt gewesen, beispielsweise habe man sie der Dienerschaft zu großen Festtagen geschenkt. Der Beruf der Bader galt übrigens, wie auch der der Huren und der Henker, im Mittelalter als „unehrlich". Das bedeutet aber nicht, dass Bader, Huren und Henker nicht ehrlich gewesen wären: Heute würde man statt „unehrliche Berufe" vielleicht eher „unehrenhafte Berufe" sagen. Wer „unehrlich" war, durfte zum Beispiel kein städtisches Ehrenamt bekleiden und weder einer Zunft beitreten noch eine solche bilden.

Insofern ist das Straßenschild „Badergasse" weit mehr als nur ein Schild. Es ist ein Relikt, das von unehrlichen Badern, „gezwarkten" Haaren, „verlewnten" Frauen und von Mägden erzählt, deren Liebreize käuflich waren.

Eva-Maria Bast

....

So geht's zur Badergasse:

Die Badergasse erstreckt sich zwischen der Münzstraße und der Sanderstraße.

132

Die Grabplatte des Kapellenstifters enthält einen peinlichen Fehler: ein falsches Sterbedatum.

39

Grabplatte
Chaotisch bis ins letzte Detail

Wenn Sebastian Roßhirt geahnt hätte, für wie viel Durcheinander er mit seinem letzten Willen sorgen würde, hätte er sein Testament wohl anders verfasst. Doch als der Maurermeister 1841 im Alter von 49 Jahren starb, war er der festen Überzeugung, alles ordentlich zu hinterlassen. Er wollte, dass von seinem Geld eine „Totenkapelle auf dem Leichhof" erbaut und er in eben dieser beigesetzt werde. Was er bekam, waren 18 Jahre komplizierte Bauarbeiten und ein falsches Sterbedatum auf seiner Grabplatte. Doch der Fehler schrumpft fast zur kuriosen Anekdote, wenn man die Geschichte des Kapellenbaus einmal genauer betrachtet. So, wie es Gästeführerin Doris Jäger-Herleth getan hat.

„In seinem Testament, das Sebastian Roßhirt ‚im Namen der allerheiligsten Dreifaltigkeit' im Beisein seines Taufpaten verfasst hatte,

133

setzte er seine Haushälterin als Haupterbin ein und veranlasste, dass davon 6000 Gulden für den Bau einer Friedhofskapelle abgezweigt würden", sagt Doris Jäger-Herleth. Das Erbe für Josepha Aschenbrenner knüpfte er an die Bedingung, dass sie ledig bleibe und einen sittlichen Lebenswandel führe. Die Stiftung für das Kirchlein, das „40 Schuh lang und 30 Schuh breit" sein sollte, mit Türmchen auf dem Dach und zwei kleinen Glocken, war daran gebunden, dass Roßhirt dort beigesetzt werde. So weit, so gut. „Aber nach seinem Tod ging das Durcheinander los", erklärt die Friedhofskennerin.

Die Kapelle steht noch heute inmitten des Hauptfriedhofs.

Denn zunächst beschwerte sich die Haushälterin Aschenbrenner darüber, dass von ihrem Erbe das Kapellengeld abgezwackt werden sollte – es sei ja ohnehin schon ein „unverhältnismäßig geringer Nachlass". Die Sache landete vor Gericht und die ersten sieben Jahre nach Roßhirts Tod waren bis zum endgültigen Richterspruch bereits vergangen, ohne dass der Bau der Kapelle aufgenommen worden wäre. Inzwischen hatte sich die Stadt auch von Roßhirts Vorstellung von einer bescheidenen Kapelle verabschiedet, denn das „Schmuckbedürfnis" war mittlerweile gestiegen. So landete ein Kostenvoranschlag aus dem Jahr 1848 bei 16.500 Gulden – viel mehr, als der Verstorbene und andere Geldgeber, die sich für die Sache begeistert hatten, in den Stiftungsfond eingezahlt hatten. Die Stadt wandte sich an ihre „willigen katholischen Bürger" mit der Bitte um Unterstützung, wobei man sich „der alles vermögenden Unterstützung Seiner Bischöflichen Gnaden des Bischofs Georg Anton von Stahl erfreuen konnte". Weitere Spender traten auf den Plan, jedoch mit eigenen Bedingungen, die ebenfalls immer wieder zu Zeitverzögerungen führten.

Schließlich wurde die Sache dem „Allerdurchlauchtigsten, Großmächtigsten König, dem Allergnädigsten König und Herrn Maximilian II." vorgelegt. Der entschied zwölf Jahre nach Roßhirts Tod, dass die Kapelle ausschließlich den Katholiken vorbehalten sein sollte – denn auch diese Frage hatte für langwierige Diskussionen gesorgt. So konnte der Auftrag 1853 endlich vergeben werden. Nach einem erneuten Spendenaufruf hatte man auch das für den Bau nötige Geld beisammen. Am 31. Oktober 1855, morgens um 9 Uhr, legte Bischof Georg Anton von Stahl feierlich und unter den Augen vieler honoriger Gäste den Grundstein. Doch schon 14 Tage später war wieder einmal Schluss mit dem Vorankommen: Der Stadtmagistrat hatte es versäumt, den Bauplan der Militärbehörde vorzulegen. Und die hatte grundsätzlich jegliche Bebauung auf dem Glacis, dem Vorfeld der Festungsanlagen, verboten. Sechs Wochen vergingen, bevor feststand, dass das kleine Gotteshaus kein militärisches Hindernis darstellen würde. Da war es bereits Winter geworden und der Bau konnte wegen des Frostes nicht weitergeführt werden.

Am 31. Oktober 1859 brachte Bischof von Stahl endlich zu Ende, was Sebastian Roßhirt mit seinem Tod 1841 begonnen hatte. Die Kapelle wurde eingeweiht. Sie schlug mit 18.426 Gulden zu Buche, mehr als dreimal so viel, wie der Stifter ursprünglich zur Verfügung gestellt hatte. Roßhirts sterbliche Überreste wurden dorthin überführt. Für die Zeit des Kapellenbaus waren sie zwischenzeitlich in einem anderen Grab beigesetzt gewesen.

Dass die Kapelle auch heute noch steht, ist dagegen nicht Sebastian Roßhirt, sondern den Würzburgern und ihren Handwerkern zu verdanken. Denn zusammen kümmerten sie sich durch großzügige Spenden und den kostenlosen Einsatz von Materialien und Arbeitskraft darum, dass das Gotteshaus nach seiner Zerstörung im Zweiten Weltkrieg von einem Schandfleck wieder zu einem würdigen Ort wurde.

Und der Fehler auf der Grabplatte? „Grabstätte des Maurermeisters Sebastian Roßhirt, Stifters der Kapelle, geb. zu Heugrumbach am 28. Juli 1791, gest. am 22. Juni 1841" steht da. Doch Roßhirt war bereits am 22. Januar gestorben. Aber seine Bedingungen sind endlich erfüllt: Die Kapelle ist gebaut und er liegt darin begraben. Mehr durfte er wohl nicht erwarten.

Heike Thissen

....

So geht's zur Grabplatte:

Die Grabplatte des Kapellenstifters Sebastian Roßhirt befindet sich in der Kapelle auf dem Hauptfriedhof in der Ecke rechts neben dem Eingang.

40

Kerkerfenster

Winziger Lichtstrahl für die Gefangenen

An der länglichen Öffnung in der Mauer gehen Besucher vorbei, ohne sie überhaupt wahrzunehmen. Kein Wunder! Sie sieht aus wie ein Schlitz, den der Zahn der Zeit in die Wand auf der Festung Marienberg gefressen hat, oder ein Loch, das jemand hineingehauen hat. Dass es sich dabei tatsächlich um ein Fenster handelt, und noch dazu um ein Kerkerfenster, ist von außen nicht zu erahnen. Doch einzig durch diesen Spalt fiel ein wenig Licht, als der Bildhauer Tilman Riemenschneider (1460–1531) zusammen mit 40 anderen Aufständischen 1525 während des Bauernkriegs hier gefangen gehalten und gefoltert wurde.

„In den Quellen ist von einem Kohlengewölbe neben dem Scherenbergtor die Rede. Das kann eigentlich nur hier sein", erklärt Stephan Jüngling, der als Kastellan – also als moderner Burgvogt – auf der Festung Marienberg lebt und arbeitet. Auch Max H. von Freeden, erster Nachkriegsdirektor des Mainfränkischen Museums, schreibt in seinem Festungsführer vom „Kohlengewölbe gleich linker Hand neben dem Scherenbergtor, wenn man das Schloss betritt". Hierher wurden die Männer gebracht, nachdem sie sich im Bauernkrieg 1525 zusammen mit dem fränkischen Bauernheer gegen die Unterdrückung und Ausbeutung durch die Landesfürsten und in Würzburg durch Bischof Konrad von Thüngen aufgelehnt und erfolglos versucht hatten, die Festung zu stürmen.

„... ‚wolan die bosswicht müssen itzt alle sterben'. Des erschraken die gefangenen nit wenig."

Während Tausende von Bauern bereits an den Hängen der Festung und auf dem Feld ihr Leben gelassen hatten, wurden 115 Würzburger Rädelsführer anschließend hingerichtet und 150 Bürger, darunter die meisten Stadträte, gefangengenommen.

Stadtschreiber Martin Cronthal, der damals selbst unter den Gefangenen war und mit 39 anderen Männern den Berg hinauf auf die

Festungs-Kastellan Stephan Jüngling ist froh, dass er auf der richtigen Seite des winzigen Kerkerfensters steht.

Festung geführt wurde, hält in seinen Aufzeichnungen fest, dass die Aufständischen in ihrem Verließ längst nicht nur die seelischen Schmerzen der Gefangenschaft erdulden mussten: „… und uf den andern und dritten tag ward einer nach dem andern und sie alle fur etliche verordnete rath gefoltert, heftig mit worten angelassen und gefragt; … und es kamen oft ihr viel vom hofgesind an das gewelb und thaten, als wollten sie aufschliesen, (dabei sprechend:) ‚wolan die bosswicht müssen itzt alle sterben'. Des erschraken die gefangenen nit wenig." Was genau sie in dem Verließ hinter dem Fensterschlitz ertragen und erdulden mussten, ist nicht geklärt. Stephan Jüngling ist froh, dass er die meisten Stunden seiner Arbeitszeit außerhalb des Raumes verbringt, und nicht drinnen. „Es ist gruselig da drin und für 40 Leute ganz schön eng", sagt er. „Wenn man dieses kleine Loch sieht, kann man sich schon vorstellen, dass die Gefangenen Todesängste ausgestanden haben."

Nur durch diesen schmalen Schlitz fiel Licht ins Innere.

Besonders Tilman Riemenschneider musste auf der Festung leiden, wurde er doch nach Cronthals Erlebnisbericht „vom henker hart gewogen und gemartet". Immerhin: Riemenschneider überlebte. Anderen erging es schlechter: Sie wurden „vom henker schlechtlich aus ihren gefengnissen und allein uf den nechsten platz gefuhrt (und) zu ihne gesagt:

‚da knie niter, dir geschicht nicht unrecht' – und die köpf herab". Fast neun Wochen mussten einige der Gefangenen unter diesen Bedingungen auf der Festung aushalten, bevor sie freigelassen wurden – die meisten von ihnen als gebrochene Männer. „Ihre öffentlichen Ämter und Würden waren sie los und ihr Besitz war beschlagnahmt", erklärt Stephan Jüngling. Den ehemaligen Bürgermeister und bis dato angesehenen Handwerksmeister Riemenschneider traf das hart: Nach seiner Rückkehr aus der Gefangenschaft erhielt er keinen größeren Auftrag mehr und geriet bald in Vergessenheit. Bis zu seinem Tod 1531 führte er ein zurückgezogenes Leben. Die Erlebnisse hinter dem Fensterschlitz auf der Festung dürften ihn während seiner letzten Jahre tagtäglich begleitet haben.

„Wenn man dieses kleine Loch sieht, kann man sich schon vorstellen, dass die Gefangenen Todesängste ausgestanden haben."

Heike Thissen

....

So geht's zum Kerkerfenster:

Das Kerkerfenster ist hinter dem Scherenbergtor linker Hand auf etwa zwei Metern Höhe in der Mauer zu sehen.

WIR WOLLEN ERINNERN

41

Erinnerungstafeln
Stolpern gegen das Vergessen

Man stolpert buchstäblich darüber. Und genau das ist gewollt: „Wir wollen erinnern", steht da auf einem Schild, das mitten in die Straße eingelassen ist. Wir wollen erinnern. Woran und warum? „An eine besonders düstere Epoche der deutschen Geschichte", klärt Benita Stolz auf. Die Tafeln – es gibt mehrere – erinnern an die Deportation von rund 2000 Juden in den Jahren 1941 bis 1943. „Sie mussten sich am Platzschen Garten versammeln und von dort unter Bewachung zum Verladebahnhof an der Aumühle marschieren", sagt die Stadträtin, die sich intensiv mit den Schicksalen der jüdischen Bürger auseinandergesetzt hat. Die tragischen Deportationen in die Konzentrationslager fanden statt am 27. November 1941 nach

Der Schriftzug lässt Passanten innehalten.

Riga, am 24. März und am 25. April 1942 nach Izbica, am 10. und 23. September 1942 nach Theresienstadt und am 17. Juni 1943 nach Theresienstadt und Auschwitz. Die Juden, die deportiert wurden, kamen nicht nur aus Würzburg, sondern aus ganz Unterfranken.

Den Bahnsteig, von dem die Juden ihre Fahrt ins Ungewisse antreten mussten, gibt es noch – die Kiesbetten, in denen die Gleise lagen, sind heute überwuchert von Unkraut und Gras. Doch bald solle hier gebaut werden, sagt Benita Stolz. Und dann wären die Gleisbetten, auf denen die Menschen in den Tod fahren mussten, für immer ver-

Benita Stolz bleibt vor dem Schriftzug „Wir wollen erinnern" stehen.

schwunden. Umso wichtiger, dass auf andere Weise an die schrecklichen Ereignisse erinnert wird.

Mit den Schildern auf der Straße, auf denen „Wir wollen erinnern" steht. Aber auch mit einem Schweigemarsch, den 3000 Würz-
burger am 10. Mai 2011 gingen. Auf dem gleichen Weg, den die Juden damals nehmen mussten. An je-
nem 10. Mai 2011 trugen die Würzburger Tafeln, schwarze Tafeln, auf denen die Namen und das Alter der Deportierten standen. Und auch, was aus ihnen wurde. „Manche haben es nicht ausgehalten, eine solche Tafel zu tragen", sagt Benita Stolz. „Es war ein wenig, als sei man in diesem Moment der Mensch, der in den Tod geht." An den Gleisen angekommen, wurden die Namen verle-
sen und schwarze Na-
mensschilder der Depor-
tierten auf die Böschung gelegt. Eines nach dem an-
deren. Und dann war die Böschung ganz schwarz, schwarz, die Farbe der Trauer. Die Main-Post schrieb: „Ihre Namen, ge-

Das Gleisbett, in dem einst die Schienen lagen.

sprochen von Schauspieldirektor Bernhard Stengele, hallen im Stakkato
aus zwei Lautsprechern. Hintereinander, durcheinander. Immer
schneller, bis zur Unkenntlichkeit. So wie die jüdischen Mitbürger
aus ganz Unterfranken im April 1942 ihre Namen verloren haben.

Weil ihnen alles abgenommen wurde, man sie zu Nummern degradierte." Die Würzburger gingen schweigend, an jenem Maitag im Jahr 2011, schweigend und betroffen. Ergriffen. „Es sind Momente des Nachdenkens. Was ist in den Opfern damals vorgegangen?", fragte sich der Leiter der Würzburger Lokalredaktion, Andreas Jungbauer, in seinem Artikel.

„Es sind Momente des Nachdenkens. Was ist in den Opfern damals vorgegangen?"

„Welche Ängste hatten sie? Todesahnung? Greifbar sind solche Gedanken, während die Namen der Ermordeten wie ein Klanggewitter über dem Bahngelände niedergehen."

Gesühnt werden kann nie, was ihnen geschah. Aber an sie und ihr Schicksal zu erinnern, ist dennoch ungemein wichtig. Es ist ein Akt der Würde. Und deshalb ist es so bedeutsam, dann und wann innezuhalten vor den Gedenktafeln, auf denen steht: „Wir wollen erinnern".

Eva-Maria Bast

So geht's zu den Erinnerungstafeln:

Eine der Erinnerungstafeln liegt am Friedrich-Ebert-Ring/Ecke Rottendorfer Straße.

42

Neumann-Kanzel

Ausguck für den Star-Architekten

*E*inmal dort oben stehen und auf die Innenstadt hinabblicken: Das hätte schon was! Doch das Besteigen der Aus-
sichtsplattform über dem Haus in der Franziskanerstraße
2 bleibt wenigen Privilegierten vorbehalten. Das war schon
im 18. Jahrhundert so. Damals trug einer dieser Auserwählten den
Namen Balthasar Neumann (1687–1753) und war einer der berühm-
testen Baumeister seiner Zeit. Er ließ sich den eigenartigen Balkon auf
Stelzen anfertigen. Warum?

„Balthasar Neumann konnte von der Kanzel über die Dächer
der Stadt blicken und vermutlich seine Baustellen kritisch beobachten", löst Stadtheimatpfleger
Hans Steidle das Rätsel. Was ist
los auf dem Residenzplatz?
Oder trödeln die Handwerker
am Käppele? Das waren Fragen, die der fürstbischöfliche

> *„Balthasar Neumann konnte von
> der Kanzel über die Dächer der
> Stadt blicken und vermutlich seine
> Baustellen kritisch beobachten."*

Oberbaudirektor Neumann mit einem Blick durchs Fernrohr beant-
worten konnte. Dafür musste er lediglich über eine Wendeltreppe auf
seinen Dachgarten gehen und die Terrasse mit dem schmiedeeisernen
Geländer besteigen. Nicht nur er selbst konnte sich so laufend über
den Fortschritt der Bauarbeiten informieren. Er konnte auch andere
hinaufbitten und beweisen, dass sich auf den Baustellen etwas tat.
Denn davon waren in den 1720er-Jahren längst nicht alle überzeugt.
Bei einer Bauzeit von 24 Jahren allein für den Rohbau und Baukosten
von insgesamt 1,5 Millionen Gulden durfte beim Bau der Würzburger
Residenz beispielsweise getrost daran gezweifelt werden, dass dort
alles mit rechten Dingen zuging.

„Wir wissen nicht genau, wie das Haus, auf dem sich der Balkon
befindet, überhaupt in Neumanns Besitz kam", erzählt Hans Steidle.
Denn bis 1724 gehörte der Hof Oberfrankfurt, wie das Anwesen

*Von dort oben überwachte Balthasar
Neumann seine Arbeiter.*

ursprünglich hieß, eigentlich dem Fürstbischof Christoph Franz von Hutten (1673–1729), der von 1724 bis zu seinem Tod in Amt und Würden war. Fest steht aber, dass der Baumeister danach den Rest seines Lebens dort verbrachte. Er nutzte das Gebäude nicht nur als Wohnhaus für sich und seine Familie, sondern auch als Architekturbüro. „Hierfür ließ er auf dem Gelände das erste Flachdachhochhaus der Stadt errichten und erhob sich damit über alle anderen Gebäude", weiß der Würzburg-Experte zu berichten. Im obersten Stockwerk feilten Neumann und seine vielen Mitarbeiter an den Plänen für seine bedeutendsten Bauwerke, darunter die Würzburger Residenz. Dort hatten sie perfektes Licht, das durch die großen Fenster von drei Seiten in den Raum fiel. Auf dem Dach habe der Architekt sich einen Garten angelegt, was im 18. Jahrhundert durchaus üblich gewesen sei, und den Ausguck errichtet, erklärt Steidle weiter.

Hans Steidle muss zum Ausguck weit hinaufschauen.

Damit nicht nur oben durch die Kanzel, sondern auch unten auf der Straße klar zu erkennen war, wer hier wohnte, ließ Balthasar Neumann außerdem ein Portal in das Haus einfügen und mit Attributen versehen, die zu ihm passten. Sind dort also Zirkel, Winkel und Maurerkelle zu sehen? Mitnichten! Fahnen, Trommeln und Hellebarden, Eisenkugeln, Kanonen und spitze Pfeile zieren die Hofeinfahrt. „Das alles zeugt von seinem eigentlichen Beruf. Denn Neumann war gelernter Kanonengießer und Obrist der Artillerie und zwar bis zu seinem Tod", erklärt Hans Steidle. Seinen Lebensunterhalt habe Neumann stets durch seinen Soldatensold von rund 1000 Gulden im Jahr bestritten, nicht durch attraktive Prämien, die er für seine Baumeistertätigkeit erhielt. Das habe selbst dann noch gegolten, als er bereits von einem Niemand in der Architekturwelt aufgestiegen war zum vielbeschäftigten Star.

Neumann stammte ursprünglich aus einfachen Verhältnissen: Er kam als siebtes von insgesamt neun Kindern des Tuchmachers Christoph Neumann in Eger in Böhmen auf die Welt und lernte dort den Beruf des Geschütz- und Glockengießers sowie des Brunnenmachers. Als Geselle landete er 1711 in Würzburg, wo er nicht nur in die Fränkische Kreisartillerie eintrat, sondern sich in Geometrie, Feldmesserei und Architektur unterrichten ließ. Als Fürstbischof Philipp Franz von Schönborn (1673–1724) ihn 1719 erst mit der Planung und 1720 dann mit der Bauleitung der Residenz beauftragte, hatte Neumann erst einen einzigen größeren Auftrag ausgeführt. Von da an ging es dank der Unterstützung durch die Familie derer von Schönborn steil bergan mit seiner Karriere. Daran änderten auch die drei Jahre nichts, in denen er von seinem Residenz-Auftrag vorübergehend abgezogen wurde, weil der Fürstbischof gewechselt hatte. „Er bekam danach aber wohl ausdrücklich den Auftrag, seine Arbeiter streng zu überwachen, um die Kostenexplosion einzudämmen", erzählt Hans Steidle. Da dürfte ihm die Kanzel natürlich von großem Nutzen gewesen sein.

Der Ausguck, wie die Würzburger ihn heute sehen, ist nicht Neumanns Original. Beim Luftangriff am 16. März 1945 (siehe Geheimnis 4) beschädigten Bomben das Haus so stark, dass es 1950 wegen Einsturzgefahr gesprengt wurde. Bald darauf entstand ein Neubau samt barockem Portal und Kanzel, die an den ehemaligen Hausherrn erinnern. Dennoch bleibt nicht nur der Blick *vom* Ausguck, sondern auch der Blick *auf* den Ausguck vielen Spaziergängern weitgehend vorenthalten. Zumindest, wenn sie nicht gezielt danach suchen. Denn in den engen Gassen der Innenstadt ist er nur von wenigen Standorten aus zu sehen.

Heike Thissen

So geht's zur Neumann-Kanzel:

Das Balthasar-Neumann-Haus mit der Kanzel steht in der Franziskanerstraße 2. Vom benachbarten Riemenschneider-Haus aus lässt sich gut hinaufblicken.

43

Fensternischen
Dem Feind zur Wehr

Diese Fenster ergeben keinen Sinn: Sie führen nirgendwo hin, sind zugemauert. Dabei sitzen ziemlich viele von ihnen im Burkarder Tor, das so massiv ist, dass der Durchgang eher einem Tunnel gleicht. Und wenn man die Stadt durch das Burkarder Tor im Mainviertel, also von Süden her, betritt, entdeckt man östlich der Brücke ein weiteres Fenster, das dem Ankommenden entgegenblickt. „Dieses Fenster war immer nur Attrappe und diente der Abschreckung", erzählt Dirk Eujen, der sich gut mit der Würzburger Stadtgeschichte auskennt. „Die anderen wurden früher wirklich genutzt." Wie? Und warum diente das Fenster auf der Südseite der Abschreckung? „Mögliche Angreifer sollten denken, dass sie beobachtet und gleich bemerkt werden", erklärt Eujen. Einen Zugang zu dem Fenster gebe es aber nicht. „Dahinter befindet sich nur ein zugemauerter Blindraum." Hinter den Fenstern im Tunnel aber lag ein Wehrgang, und im Kriegsfall saßen hinter diesen Schießscharten im Gang bewaffnete Stadttorwachen. Eujen bringt es auf den Punkt: „Wer in die Stadt hineinwollte, musste an ihnen vorbei."

Dem Burkarder Tor schließt sich eine Brücke an, die über den Wallgraben führt. „Früher war ein Teil der Brücke eine Zugbrücke", erläutert Dirk Eujen. Wie wichtig solche Wehreinrichtungen waren, mussten die Würzburger immer wieder erfahren: Im Dreißigjährigen Krieg (1618–1648) zum Beispiel, in dem sich die von Schweden unterstützte protestantische Union und die katholische Liga, die vom Kaiser geführt wurde, gegen-

Durch seine Dicke wirkt das Tor eher wie ein Tunnel.

Dirk Eujen linst durch eines der Fenster. Bringt aber nichts: Sie sind zugemauert.

überstanden. Entstanden war der Krieg durch die religiösen Gegensätze in Deutschland. Auch der Widerstand, den die Reichsstände gegen den habsburgisch-kaiserlichen Absolutismus leisteten, spielte eine große Rolle. Der Krieg beutelte Deutschland, das Hauptschauplatz war, stark und hatte schreckliche Hungersnot zur Folge. „Da ist die Stadt 1631 komplett von den Schweden eingenommen worden", erzählt Eujen. „König Gustav Adolfs Truppen fielen im Oktober ein und haben den Würzburgern gesagt: Entweder sie übergeben die Stadt freiwillig oder sie zerstören sie." Nach drei Tagen sei die Stadt dann tatsächlich übergeben worden. Aber die Schweden eroberten zunächst nur die Stadtseite: Das wegen der Festung so wichtige Mainviertel war noch nicht in den Händen des Feindes. „Und für die Schweden war es gar nicht so leicht, über den Main zur Festung zu gelangen", erklärt der Würzburg-Kenner. Das sei dann letztendlich in einer Nacht- und Nebelaktion geschehen: „Im Schutz der Brückenkonstruktion haben sie auf Schiffen übergesetzt, die Verteidiger zurückgeschlagen und nach zwei Angriffen von Westen und von der Nordflanke her am 18. Oktober 1631 die Festung erobert." 700 Tote habe es damals gegeben. Es folgte eine schlimme Zeit für die Würzburger: Plünderungen, Morde und hohe Kontributionszahlungen waren ebenso an der Tagesordnung wie grausamer Hunger. Die Besatzer wollten schließlich verpflegt werden und die Würzburger mussten ihre ohnehin sehr karge Nahrung mit ihnen teilen. 1634 wurde eine königlich-schwedische und sachsen-weimarische Interimsregierung errichtet, doch noch im gleichen Jahr geriet Würzburg wieder in die Hand der kaiserlichen Truppen, also der Gegner der Schweden, was den Bewohnern allerdings wenig half. Die Kaiserlichen gingen mit ihnen nicht freundlicher um als die Schweden.

Noch während des Krieges, nachdem die feindlichen Truppen abgezogen waren, habe man die Verteidigungsanlagen verstärkt und neue Befestigungen gebaut, sagt Eujen. Denn Würzburg war zwar eine befestigte Stadt, doch der Eindruck der Wehrhaftigkeit täuschte. An vielen Punkten gab es massiven Verbesserungsbedarf. Wichtig war es

„Dieses Fenster war immer nur Attrappe und diente der Abschreckung. Die anderen wurden früher wirklich genutzt."

nun auch, den Main, über den die Schweden heimlich übergesetzt hatten, zu sichern. „Also errichtete der Bischof im Main eine Streichwehranlage, sodass die Schiffe künftig durch eine schmale Öffnung hindurchfahren mussten", berichtet Dirk Eujen. „Und in dieser Öffnung wurde ein Nadelwehr gelegt mit Holznadeln von zehn Zentimeter Breite." Um hindurchkommen zu können, musste es geöffnet werden. Das Nadelwehr allerdings führte auch zu Problemen mit dem Schiffsverkehr, einer der Gründe, warum schließlich der Umlaufkanal gebaut wurde (siehe Geheimnis 1).

Die Schifffahrt musste also zeitweise unter den Nachwirkungen des Krieges leiden, ebenso wie die Bevölkerung, die lange brauchte, um sich von den harten Jahren Mitte des 17. Jahrhunderts zu erholen. Aber immerhin war die Stadt jetzt sicherer und gut bewacht.

Das Fenster im Süden sollte anrückenden Feinden zeigen: Achtung! Wir sehen euch!

Das beruhigte die Würzburger bestimmt, wenn sie an den Befestigungen entlangspazierten oder durch eines der Tore gingen, die übrigens – wie auch schon vor dem Dreißigjährigen Krieg – abends um 22 Uhr geschlossen wurden. Wer dann noch draußen war, musste draußen bleiben oder wurde gegen Entrichtung eines bestimmten Obolus durch eine entsprechende Schlupftür noch hereingelassen. „Daher", erklärt Eujen, „kommt auch das Wort ‚Torschlusspanik'. Das kennt man ja heute noch." Allerdings setzt die inzwischen nicht allabendlich kurz vor 22 Uhr ein.

Eva-Maria Bast

So geht's zu den Fensternischen:

Die als Fensternischen ausgebildeten Schießscharten befinden sich im Burkarder Tor. Die Burkarder Straße führt durch das Tor hindurch. Die zugemauerten Fenster sind auf der Westseite, das Attrappen-Fenster auf der Südseite, östlich der Brücke, zu sehen.

44

Ringpark

In Schlangenlinien um die Stadtmitte

„**K**önnen die Würzburger denn keine gerade Straßen bauen?" Diese Frage haben sich wohl schon viele Einheimische und vor allem Besucher gestellt, wenn sie mit dem Auto in der Stadt unterwegs waren. Es ist ja auch verwirrend: Wer vom Berliner Platz erst auf der Martin-Luther-Straße und dann auf dem Friedrich-Ebert-Ring die Innenstadt umfährt, verliert vor lauter Kurven schnell den Überblick. „Das liegt daran, dass man dort auf den ehemaligen Befestigungsanlagen unterwegs ist", erklärt Würzburg-Kenner Sebastian Karl und fährt fort: „Weil diese als Sternfestung gebaut waren, muss man ständig Kurven fahren."

Die Ursprünge liegen im 17. Jahrhundert. „Nach dem Dreißig-jährigen Krieg legte sich Würzburg einen steinernen Panzer mit 14 Meter hohen Mauern zu. Dazu gehörten auch weit nach außen füh-rende Bastionsspitzen und tiefe Wassergräben", erläutert der Gästeführer. Die Stadt sei innerhalb des Rings einge-pfercht gewesen, die riesigen Befestigungsanlagen hätten Dunkelheit und Feuchtigkeit gebracht. Das so genannte „Glacis", das Gelände davor,

> *„Nach dem Dreißigjährigen Krieg legte sich Würzburg einen steinernen Panzer mit 14 Meter hohen Mauern zu. Dazu gehörten auch weit nach außen führende Bastionsspitzen und tiefe Wassergräben."*

durfte weder bebaut noch bepflanzt werden. Sonst hätten sich poten-zielle Angreifer womöglich dort verstecken können. Doch als Würz-burg 1856 seinen Status als Festungsstadt verlor, kaufte die Stadt der Königlich Bayerischen Regierung die Mauern ab – und konnte künftig ihre eigenen Pläne verwirklichen. „Vor allem in den 70er-Jahren des 19. Jahrhunderts wurden die mehreren Hunderttausend Tonnen Stein nach und nach abgetragen und die Gräben davor zugeschüttet", sagt Sebastian Karl. Die Stadtmitte konnte sich endlich nach außen öffnen

....

Sebastian Karl kann erklären, warum Autofahrer
in Würzburg ständig Kurven fahren müssen.

und entlang der neuen Ringstraße bauten diejenigen, die es sich leisten konnten, prächtige Wohnhäuser und kleine Stadtvillen.

Dass der Ringpark, den die Würzburger kurz und knapp „Glacis" nennen, heute ein so attraktives Naherholungsgebiet ist, verdanken sie

Die Ringanlagen sind heute die grüne Oase der Stadt.

dem schwedischen Gärtner Jens Person Lindahl (1843–1887). Sieben Jahre lang arbeitete er daran, die Grünflächen in einen englischen Landschaftsgarten zu verwandeln. Während die Würzburger von heute den Park lieben, sah sich Lindahl 1884 heftiger Kritik ausgesetzt: Die geplanten Eingriffe seien zu groß, die Zahl der gefällten Bäume ebenso und die entstandenen Kosten erst recht. Ob Lindahl sich am 22. November 1887 in den Glacisanlagen an der Ottostraße erschoss, weil er sich über die Würzburger ärgerte oder aus anderen Gründen, ist nicht bekannt. Sein Nachfolger vollendete das Werk, sodass noch heute eine hügelige Landschaft mit Waldstücken, Lichtungen, Teichen, künstlichen Grotten und exotischem Pflanzenbestand mit einem Netz aus Spazierwegen die Innenstadt umgibt. Und während sich die Fußgänger darüber freuen, ärgert sich so mancher Autofahrer über die schlangenlinienförmige Straßenführung.

Heike Thissen

So geht's zum Ringpark:

Der Ringpark legt sich wie ein grüner Gürtel rund um die Innenstadt. Die kurvenreichen Passagen der Straße, die die Zacken der Sternfestung nachzeichnen, befinden sich in der Martin-Luther-Straße und auf dem Friedrich-Ebert-Ring.

Rüdiger Seyler muss sich ziemlich anstrengen,
um die schwere Steinplatte anzuheben.

45

Steinplatte
Überraschender Blick in die Tiefe

R üdiger Seyler, Spezialist für den Würzburger Dom, die Marienkapelle und das Neumünster, kommt ganz schön ins Schwitzen, wenn er versucht die Platte, die gegenüber dem westlichen Zugang zum Lusamgärtchen liegt, anzuheben. Endlich ist es geschafft – und der Betrachter staunt: Unter dieser unscheinbaren Steinplatte geht es nämlich rund 60 bis 80 Zentimeter in die Tiefe. Es eröffnet sich der Blick auf eine alte Säule und einen darunterliegenden Boden. „Das ist das Fußbodenniveau der romanischen Kirche aus dem elften Jahrhundert", sagt Seyler. „Im Zuge der Barockisierung ist der Boden angehoben worden."

„Das ist das Fußbodenniveau der romanischen Kirche aus dem elften Jahrhundert. Im Zuge der Barockisierung ist der Boden angehoben worden."

Der Legende nach befand sich dort, wo jetzt das Neumünster steht, der erste Dom, „aber das muss heute mit einem Fragezeichen versehen werden", sagt der Kirchenkenner. Es sei nicht sicher, ob es sich tatsächlich um den Dom oder nur um einen Gedächtnisbau gehandelt habe. Ein Gedächtnisbau? Warum und für wen?

„Nach der alten Überlieferung befindet sich dort, wo heute die Kuppel ist, das Grab der Bistumspatrone Kilian, Kolonat und Totnan – oder besser die Stelle, an der sie nach dem Mord, dem sie zum Opfer fielen, verscharrt wurden",

Der Blick in die Tiefe eröffnet Überraschendes.

erzählt Rüdiger Seyler. Im 7. Jahrhundert mussten die Frankenapostel den Märtyrertod sterben. „Sie kamen um 686 aus Irland und wollten hier den christlichen Glauben verkünden." Die Würzburger seien nicht uninteressiert gewesen und hätten Kilian, Kolonat und Totnan durchaus Gehör geschenkt. Das regierende Herzoghaus jedoch sah das gar nicht gern. „Deshalb mussten sie 689 sterben." Und wurden berühmt: In zahlreichen fränkischen Kirchen gibt es Patrozinien für die Apostel. In Würzburg wird regelmäßig die Kilianiwoche begangen und mit dem Kilianivolksfest und der Kilianimesse wird ihnen auch außerhalb der Gotteshäuser gehuldigt.

Nicht erst in jüngerer Zeit werden die Bistumspatrone verehrt: „Die Stelle, an der sie starben, war jahrhundertelang Ziel von Pilgern", sagt Seyler. Bischof Adalbero (1010–1090) errichtete hier ein Stift. Bei dem romanischen Kirchenbau habe es sich um eine Doppelchoranlage gehandelt, erklärt der Würzburger. Der Westchor befand sich über der Grabstelle. Der heute barockisierte Bau stamme – was das Grundgemäuer hinter den Barockverzierungen betreffe – überwiegend aus dem zwölften Jahrhundert, „besonders das Hauptschiff und der Chorbereich". Der westliche Kuppelbau ist hingegen erst rund 300 Jahre alt.

An die allerersten Ursprünge aus dem elften Jahrhundert erinnert nur noch die Steinplatte. Und die ist schwer. Manchmal muss man sich eben anstrengen, wenn man den Dingen auf den Grund gehen will. Auch körperlich.

Eva-Maria Bast

....
So geht's zur Steinplatte:

Die Platte liegt im Neumünster gegenüber dem westlichen Zugang zum Lusamgärtchen unter einem Weihwasserbecken. Das Neumünster steht am Kürschnerhof.

Fenster im Brückenbauwerk

Aufzug und schuftende Pferde

I n dem Brückenbauwerk, das sich am unteren Ende des Wein-
wanderwegs hinter der Burkarder Stifts- und Pfarrkirche befindet und sich schräg in Richtung Festung hinaufzieht, gibt es ein
kleines, eckiges Fenster – oder besser: eine Öffnung. Was hat sie
da zu suchen? Und vor allem: Wohin führt sie? Dirk Eujen, Pensionär
der Wasser- und Schifffahrtsdirek-
tion Würzburg, kennt die Antwort.
„Dieses Fenster führt zu einer
gedeckten Wassergalerie, die bis zur
Festung hinaufgeht", sagt er. Durch

*„Dieses Fenster führt zu einer
gedeckten Wassergalerie, die bis
zur Festung hinaufgeht."*

den Schacht wurde einst Wasser hinaufgepumpt. Und oben drauf, auf
der Mauer, lief der Lastenaufzug, mit dem Waren zur Festung Marienberg transportiert wurden.

Doch von vorne: Gebaut worden, sagt Dirk Eujen, sei der Aufzug
vermutlich nach 1680. Der Schacht führte von der Oberen Mainmühle
bei der Burkarder Kirche zur Festung. Oberhalb der Oberen Mainmühle ging damals der Umlaufkanal vorbei (siehe Geheimnis 1),
sodass die Ware direkt per Boot angeliefert und mit dem Lastenaufzug
nach oben befördert werden konnte. Auch die Wasserversorgung der
Festung wurde über diesen Schacht sichergestellt. „Das Wasser kam
aus dem sogenannten Felsbrunnen im stadtseitigen Schlossberghang",
berichtet Wolfgang Hergenröther, der mit Dirk Eujen zusammen lange
bei der Wasser- und Schifffahrtsverwaltung gearbeitet hat. Seit beide
pensioniert sind, verbindet sie die Begeisterung für die Wasserge-
schichte der Stadt Würzburg. „Der Felsbrunnen wurde durch eine
Brunnenstube gefasst und das Quellwasser dann in freiem Gefälle über
eine Bleileitung zur Oberen Mainmühle geführt. Von dort wurde es
über ein durch Wasserkraft betriebenes Pumpwerk durch den Schacht
zunächst zum Husarenkeller und dann zur Burg gepumpt", sagt Hergenröther. Der Husarenkeller ist noch immer zu sehen: Durch die

*Dirk Eujen (links) und Wolfgang Hergenröther
unter dem geheimnisvollen Fenster.*

Fenster eines kleinen Häuschens auf dem Festungsberg kann man hinabblicken. Vom Husarenkeller aus wurde das Wasser zur Burg weitergeleitet. „Der Schacht war begehbar", sagt Dirk Eujen. Er findet das faszinierend. Mindestens ebenso faszinierend ist für ihn der Umstand, wie die Ware über den Lastenaufzug nach oben gelangte, nämlich mittels ganz echter, ursprünglicher PS: mit Pferden. „Es wird vermutet, dass die Pferde droben auf der Burg hin- und herliefen und die Lasten so über eine Art Flaschenzug-System hinaufzogen", beschreibt Dirk Eujen.

Die rätselhafte Luke.

„Man erzählt sich auch, dass der Burgherr, wenn er, ohne Aufsehen zu erregen, in die Stadt wollte, durch diesen Gang hinabstieg." Der Gang endete direkt am Main bei der Oberen Mainmühle. Es gibt ein Gerücht, dass es von dort einen Geheimgang unter dem Main zur Stadt gegeben haben soll. Aber das, sagt Dirk Eujen, müsse nach dem Stand der heutigen Erkenntnisse als damals technisch nicht möglich eingeordnet werden.

Auch heute noch tut der Schacht seine Dienste: Sollte es auf der Festung einmal brennen, greift die Löschwasserversorgung in der Burkarder Straße, die durch den Schacht zur Festung führt. „Die Feuerwehr schließt dann von hier aus Schläuche zum Main hin an, damit sie große Mengen von Wasser hochpumpen kann." So tut ein steiler Gang über viele Jahrhunderte und auch heute noch seine Dienste.

Eva-Maria Bast

So geht's zum Fenster im Brückenbauwerk:

Das Fenster in der Mauer kann man sehen, wenn man den Weinwanderweg hinter der Burkarder Kirche hinuntergeht. Dann kommt man direkt auf das Bauwerk zu.

Wo heute nur noch eine Ruine mit vergitterten Fensternischen zu sehen ist, standen einst drei Häuser.

47

Kriegsruine

Parkplatz mit langer Geschichte

Die Bewohner des Mainviertels haben sich längst daran gewöhnt: Der Parkplatz an der Ecke zwischen Alter Kasernenstraße und Laufergasse wird an zwei Seiten von Mauern begrenzt, an denen der Efeu emporwächst. Doch nur wenige sind sich darüber im Klaren, dass diese Steine etwas ganz Besonderes sind. Zu diesen wenigen gehört die Künstlerin Renate Jung, die 1982 in der Laufergasse den viel bewunderten Baum an die Häuserfassaden des Flurbereinigungsamtes gemalt hat.

161

„Gegenüber lag diese Ruine und sollte abgerissen werden, eine der allerletzten, die an das Inferno vom 16. März 1945 erinnern", blickt sie zurück. „Die Mauerreste gehörten meinen Auftraggebern, die sich großartigerweise meinem Rat anschlossen, die Ruine zu erhalten." Lieber habe man sie für ein kuscheliges, grünbewachsenes Pausen-Plätzchen stehen gelassen – den heutigen Parkplatz. „Jetzt fragen die Leute, was das denn für ein ‚Gerütsch' ist, wie die Würzburger sagen. Das gehört weg, finden sie", fährt die Künstlerin fort. „Der Mensch will ja immer Ordnung schaffen, und wir Deutschen ganz besonders." So seien bereits einige Eisengitter, die nach dem Krieg verbogen aus den Fenstern ragten, entfernt worden. „Das sollte eine ‚ordentliche' Ruine werden", sagt sie. Auch werde immer wieder darüber diskutiert, die Mauern ganz abzureißen. „Das darf nicht passieren. Ich möchte erreichen, dass dort eine Plakette angebracht wird, die auf eine der letzten Kriegsruinen der Stadt hinweist." Denn die meisten anderen Spuren seien bereits so gut

Künstlerin Renate Jung setzt sich für den Erhalt der Kriegsruine ein.

wie ausgelöscht, bedauert Renate Jung. Sie erinnert sich auch noch an ein Schiefertäfelchen, das einst an der mit allerhand Bauschutt aufgebauten Baracke hing. „Komme gleich wieder" habe darauf gestanden. „Ohne Heizung und ohne Strom lebte und werkelte dort viele Jahre lang ein Schreiner", weiß sie zu berichten.

Die Einstellung, dass die Ruine erhalten bleiben muss, teilt sie mit ihrem Lebenspartner Werner Tiltz, der sich in einem seiner Gedichte in die Stadt hineinversetzt hat und über die Jahre des Aufbaus schreibt: „Ich wurde von Asche und Schutt befreit. / Mein Dank gilt noch heute den Frauen. / Der Aufbau begann voller Kopflosigkeit. / Viel Abriss, viel simples Bebauen. / Mein Torso wurde blindlings zerhackt, / barocke Fassaden verschwanden. / Nun war ich gänzlich splitternackt, / hab niemals die Torheit verstanden."

Splitternackt wirkt auch der Platz im Mainviertel, wo heute Autos parken. Einst standen dort die Häuser der Alten Kasernenstraße 4, 6 und 8. Der Wirt vom Gasthaus „Zum Roten Ochsen" bediente hier seine Gäste, der Glasermeister Büchold betrieb nebenan sein Geschäft und im Haus Nummer 8 wohnte der Hufschmied Johann Schauer. Die drei Häuser waren nach dem Krieg nicht komplett zerstört. Ihre Fassaden standen noch und wurden erst ab 1949 wegen Einsturzgefahr nach und nach abgetragen. Büchold wollte sein Haus eigentlich wieder aufbauen, erhielt aber von der Stadtverwaltung nicht die nötigen Genehmigungen. Auch für die Gaststätte gab es 1948 Pläne, nach denen die Würzburger Hofbräu AG sie an ihren alten Platz stellen wollte. Doch auch das ist nicht geschehen. So erinnern die Mauern noch heute an die Häuser, die hier einst standen, und an den Luftangriff, der sie und fast 90 Prozent der Stadt Würzburg in Schutt und Asche legte.

Heike Thissen

> „*Ich wurde von Asche und Schutt befreit. / Mein Dank gilt noch heute den Frauen. / Der Aufbau begann voller Kopflosigkeit. / Viel Abriss, viel simples Bebauen ...*"

....

So geht's zur Kriegsruine:

Die Mauern der Kriegsruine, die an den 16. März 1945 erinnern, fassen den Parkplatz an der Ecke Alte Kasernenstraße / Laufergasse ein.

48

Hexenloch

Der finstere Kerker unterm Grafeneckart

D as schlichte Wort „Hexe" steht am Durchgang zu einem der Räume im Untergeschoss des Würzburger Ratskellers geschrieben. Es ist leicht zu übersehen. Und so verbringt der Gast in trauter Runde einen Abend mit Wein vom Würzburger Stein und fränkischem Sauerbraten und hat keine Ahnung davon, was in dem Raum einst geschah, in dem man es sich da gerade gut gehen lässt. Es sei denn, Ratskeller-Chef Kurt Schubert gesellt sich dazu und erzählt davon. „Die Wahrscheinlichkeit ist sehr groß, dass hier in diesem Kellerraum einmal das Stadtgefängnis beheimatet war", erklärt der Wirt des Traditionshauses.

„Die Leute wundern sich immer darüber, dass so ein kleiner Raum als Gefängnis ausgereicht haben soll", sagt er. Aber man dürfe dabei nicht vergessen, dass die Stadt Würzburg am Ende des Mittelalters nur rund 5000 Einwohner zählte. „Und von denen waren die allerwenigsten Straftäter." Außerdem seien viele Strafen sofort vollzogen worden, die – jedenfalls aus heutiger Sicht betrachtet – wesentlich schlimmer waren als eine mehrjährige Gefängnisstrafe. Dazu gehörten auch die Leibesstrafen, bei denen einzelne Körperteile verstümmelt wurden: vom Abschneiden der Nase, der Ohren oder der Zunge bis zum Blenden der Augen. Ehrenstrafen wie die öffentliche Demütigung durch Pranger, Schandpfahl, Halsgeige oder Lästerstein klingen rückblickend vergleichsweise harmlos, konnten aber ebenfalls die Existenz der Bürger des Mittelalters gefährden.

„Anhand von Mörtelproben haben Experten festgestellt, dass dieser Raum schon um 1150 entstanden ist, also zu der Zeit, in der auch der Grafeneckart gebaut wurde", sagt Schubert. Er sei von oben bestückt worden – sowohl mit Menschen, als auch mit Nahrungs-

> *„Die Wahrscheinlichkeit ist sehr groß, dass hier in diesem Kellerraum einmal das Stadtgefängnis beheimatet war."*

Ratskeller-Wirt Kurt Schubert weiß, warum der Name „Hexe" hier am Durchgang zum Kellerraum an genau der richtigen Stelle steht.

mitteln für seine Insassen. Daher auch der Name „Loch". „Zum Hexenloch wurde das Verließ dann zu Zeiten der unsäglichen Hexenverfolgungen hier in der Stadt", erklärt der Ratskeller-Wirt.

Im ehemaligen Verließ lässt es sich heute gemütlich essen und trinken.

Diese begannen in den letzten Regierungsjahren des Fürstbischofs Julius Echter von Mespelbrunn (1545–1617) und gelten noch heute als ein Tiefpunkt in der Würzburger Geschichte. Während sich Echter selbst kurz vor seinem Tod dafür rühmen ließ, allein innerhalb eines Jahres 300 Hexen und Zauberer getötet zu haben – die meisten waren öffentlich verbrannt worden – trieben es seine beiden Nachfolger Johann Gottfried von Aschhausen (1575–1622) und Philipp Adolf von Ehrenberg (1583–1631) noch schlimmer. Als eifrige Verfechter der Hexenverfolgung hielten sie „die aberwitzigen Beschuldigungen für glaubhaft und setzten die staatliche Macht zur umfassenden Verfolgung, zum Massenmord ein", schreiben Stadtheimatpfleger Hans Steidle und Christine Weisner in ihrem Buch zur Stadtgeschichte. Insgesamt wurden wohl 900 Frauen, Männer und Kinder Opfer eines Wahns, der weder vor dem Klerus noch vor der weltlichen Macht Halt machte. Neben der Angst vor dem Teufel und seinen Machenschaften mag wohl Geldgier ein Motiv für das Vorgehen geliefert haben: „Laut dem Hexenmandat von 1627 konnte der Staat das Vermögen der Opfer einbehalten", haben Steidle und Weisner herausgefunden. Historikerin Birke Grießhammer nennt die Hexenverfolgung gar ein „lukratives Geschäft": Herrliche Barockbauten seien mit dem Geld errichtet worden, die heute von nichts ahnenden Touristen bestaunt würden. Doch irgendwann war Schluss mit dem grausamen Treiben, das der Stadt als „Würzburgisch Werk" weit über ihre Grenzen hinaus zu zweifelhaftem Ruhm verholfen hatte. Ehrenberg, der von einigen Opfern während der Folter als oberster Hexenmeister bezichtigt worden war, starb einen frühen Tod und schon bald waren die Verbrennungen verboten. So erinnert heute in Würzburg unter anderem das Hexenloch an jene düsteren Zeiten, die so viele unschuldige Menschen das Leben gekostet haben.

Heike Thissen

So geht's zum Hexenloch:

Das Hexenloch ist heute einer der Keller-Gasträume des Würzburger Ratskellers. Er befindet sich unter dem Rathaus in der Langgasse 1.

49

Siebold-Denkmal

Engelchen aus einem fernen Land

*E*ntschlossener Blick, Rauschebart, mit Orden besetzte Brust: Wer das Denkmal auf dem Geschwister-Scholl-Platz betrachtet, schaut vor allem auf die imposante Büste des Würzburger Mediziners, Naturforschers und Sammlers Philipp Franz von Siebold (1796–1866). Doch nicht sie, sondern die Ornamente auf dem Marmorsockel darunter machen das Kunstwerk zu einem ganz besonderen. Das findet auch Marianne Möller, die es sich vor vielen Jahren einmal genauer angesehen hat und dabei auf etwas stieß, von dem sie bis heute begeistert ist. „Als ehemalige Dekorateurin habe ich einen Sinn für alles Schöne", sagt die Würzburgerin und deutet auf einen kleinen Putto zu Füßen des Denkmals. „Der hier hat es mir besonders angetan, den finde ich ganz entzückend."

Denn am Fuße des Denkmals tummeln sich vier kleine Kerlchen mit dicken Pausbacken. Doch zwei von ihnen sehen überhaupt nicht so aus, wie man Putten beispielsweise aus Kirchen kennt. Der Kleine, von dem Marianne Möller spricht, hat statt Engelsflügeln Schmetterlingsflügel auf seinem Rücken, auf dem Kopf trägt er eine asiatische Kopfbedeckung. Ein zweiter Putto hat die Haare mit einem Essstäbchen zu einem strengen Dutt hochgesteckt. „Dass sie asiatische Augenpartien haben, finde ich auch ein schönes Detail", erklärt Marianne Möl-

Das Siebold-Denkmal steht heute versteckt hinter Büschen und Bäumen.

Marianne Möller ist entzückt von dem Putto mit asiatischem Hut.

ler. Beide Figuren erinnern an Siebolds Japan-Begeisterung, der es zu verdanken war, dass Mitte des 19. Jahrhunderts das erste Mal detaillierte Informationen über das damals völlig abgeschottete Inselreich Japan nach Europa gelangten.

Und dazu kam es so: Der Sohn einer renommierten Würzburger Familie hatte sich während seines Medizin-Studiums nicht nur mit Heilkunde, sondern auch mit Völker- und Länderkunde und den Naturwissenschaften beschäftigt. Deshalb wurde er im Jahr 1822 in die niederländisch-indische Armee berufen. Mit ihr reiste er ein Jahr später für fast sieben Jahre zu Forschungszwecken nach Japan. Doch nicht nur für die dortige Flora und Fauna interessierte er sich, sondern eigentlich für alles, was mit Japan in Zusammenhang stand. So legte er sich eine beachtliche ethnographische und naturkundliche Sammlung zu. Doch je mehr seine Begeisterung für Land und Leute wuchs, desto gefährlicher wurde sie für ihn. Denn es war Ausländern strengstens verboten, japanische Kulturgüter, Waffen, Münzen und vor allem Landkarten zu besitzen.

Auch dieser Putto sieht deutlich asiatisch aus.

Am 10. August 1828 sollte ein Schiff Siebolds Sammlerstücke nach Europa bringen. Aber es wurde während eines Taifuns beschädigt und musste entladen werden. Dabei flog schnell auf, dass sich darunter Dinge befanden, die nicht aus dem Land geschafft werden durften. Das war für die japanische Regierung nicht nur das Ende der Freundschaft. Es war Verrat, wie die Publikation „Der Jahres-Bote von 1883" berichtet: „Siebold wurde sofort in den Kerker geworfen, ihm wegen Landesverrathes der Prozeß gemacht, und alsbald das Todesurtheil über ihn gefällt, indem er nach der in Japan üblichen Sitte für große politische Verbrechen die Weisung erhielt, sich den Bauch aufzuschlitzen." Anstatt dem Befehl Folge zu leisten, verbrachte der Forscher 14 Monate in Haft, bevor er schließlich aus dem Land verbannt wurde – eigentlich auf Lebenszeit. Doch weil Siebold in Deutschland und Europa im Laufe der Jahre als renommierter Japanforscher bekannt wurde, durfte er 1858 erneut einreisen und weiter forschen. Er blieb bis 1862 und starb vier Jahre später in München.

Als der fränkische Gartenbau-Verein 1882 sein 25-jähriges Bestehen feierte, ließ er zu Siebolds Ehren das Denkmal aufstellen, das die Büste und die asiatischen Putten zeigt. Aus diesem Anlass gab es am 8. Oktober 1882 im Café Becke ein Festessen, bei dem weder Kosten noch Mühen gescheut wurden. „Taikun-Suppe mit Klöschen", „Yedogawa-Hecht mit japanesischer Tunke und Fischkartoffeln" und „Kunasiri-Hasenbraten, Dunstobst, Aralia- und Aucuba-Salate" standen auf der exotischen Speisekarte, lediglich die Weine stammten aus Franken. Dass damals trotz Siebolds großem Einsatz immer noch nicht viel über Japan bekannt war, zeigt die Darstellung der Putten: Sie tragen zwar asiatische Attribute, doch keineswegs typisch japanische.

„Taikun-Suppe mit Klöschen", „Yedogawa-Hecht mit japanesischer Tunke und Fischkartoffeln" und „Kunasiri-Hasenbraten, Dunstobst, Aralia- und Aucuba-Salate".

Heike Thissen

So geht's zum Siebold-Denkmal:

Die asiatischen Putten befinden sich am Marmorsockel des Siebold-Denkmals auf dem Geschwister-Scholl-Platz gegenüber dem Gerichtsgebäude in der Ottostraße 5.

50
Kirche St. Laurentius
Ein Kraftakt und ein findiger Pfarrer

Diese Kirche hat eine unglaubliche Geschichte. Im Zweiten Weltkrieg zerstört, wurde sie fast unmittelbar anschließend wieder aufgebaut – und zwar mit Material, das eigentlich die Nationalsozialisten für ihre Zwecke hergestellt hatten. Wie das? „Ein Großteil der verwendeten Baumaterialien war für die Kriegsmaschinerie des Dritten Reiches bestimmt", erzählt der Heidingsfelder Heimatforscher Otto Baumann.

Doch von Anfang an! Und der Anfang dieser Geschichte ist zugleich ein Ende: das Ende der Vorgängerkirche, die den schweren Luftangriffen vom 16. März 1945 (siehe Geheimnis 4) zum Opfer fiel.

„Der Herr hat's gegeben, der Herr hat's genommen, der Name des Herrn sei gebenedeit! In stiller Wehmut, aber auch mit starkem Glauben und Gottvertrauen als Ihre ärmsten Kinder in Heidingsfeld", schrieben Austina und Fakunda, die der katholischen Kongregation der Armen Schulschwestern von Unserer Lieben Frau angehörten, am 23. März 1945 an ihre Generaloberin nach München. Die beiden Schwestern lieferten ihrer Oberin eine genaue Beschreibung der Ereignisse, die sie „die Schreckensnacht" nennen.

„Der Herr hat's gegeben, der Herr hat's genommen, der Name des Herrn sei gebenedeit! In stiller Wehmut, aber auch mit starkem Glauben und Gottvertrauen als Ihre ärmsten Kinder in Heidingsfeld."

„Wir gingen halt wie bei jedem Alarm in den Luftschutzkeller. Schon sausten die Bomben hernieder, das Licht ging aus und auf einmal pfauchte schwarzer stinkender Rauch herein, der uns ganz schwärzte. Wir hielten unsere nassen Tücher vor die Nase und beteten laut auf den Knien liegend." Und weiter: „Ich rannte selbst nach der Feuerwehr und zur Luftschutzstelle. Doch alle Feuerwehren waren in Würzburg eingesetzt. Für Heidingsfeld blieb nichts mehr übrig. Wir stellten Schwestern zum Löschen auf. Die tapfere Schwester Ursulina war auf das Dach gestiegen und bekämpfte von dort aus den Brand. Aber es gab fast kein Wasser und die Eimer waren zu wenige. Das Feuer, das uns von drei Seiten umflutete, breitete sich rasend schnell aus. Unsere

Der Innenraum der St.-Laurentius-Kirche.

guten Inspektoren rannten mit Eimern, unsere Schwestern trugen Wasser zu. Es half alles nichts. Der schreckliche Brand wütete die ganze Nacht und den ganzen folgenden Tag. Der ganze Stadtteil Heidingsfeld ist ein Trümmerfeld und vollständig ausgebrannt. Die meisten Leute sind blutarm geworden. Alles verbrannt, bis auf die wenigen alten Kleider, die sie am Leibe trugen." Auch Pfarrer Otto Fritz hat die Ereignisse jener Nacht schriftlich festgehalten. Über die Zerstörung der Pfarrkirche schreibt er: „Zwei Luftminen haben links und rechts des gewaltigen Wehrturmes Dach und Gewölbe der Kirche durchschlagen und sind am Boden explodiert." Der Wehrturm allerdings, sagt Otto Baumann, habe der Vernichtung standgehalten. „Und die Überlebenden gaben nicht auf, sondern drängten sofort darauf, dass man die Pfarrkirche wiederaufbauen müsse." Unterstützung gab es von Bischof

Die St.-Laurentius-Kirche erhebt sich prachtvoll vor dem blauen Sommerhimmel.

Julius Döpfner (1913–1976), der dem Pfarrer den Auftrag erteilte, mit der Planung für den Neubau zu beginnen. „Ein scheinbar völlig unmögliches Unterfangen im Herbst 1946. Nur mit grenzenlosem Gottvertrauen konnte es gewagt werden", sagt Otto Baumann und ist immer noch beeindruckt von dem, was damit begann: „Am Kirchweihsonntag 1946 rückten die Mitglieder der Pfarrgemeinde an, um den Platz für den Wiederaufbau vorzubereiten." Das Wirtschaftsamt hatte 100 Schaufeln und 15 Pickel bereitgestellt. „Alle haben mitgeholfen, Frauen, Kinder, Geistliche, Klosterfrauen und die Männer, die aus dem Krieg heimgekehrt waren. Sie haben Unmengen von Schuttmassen abgetragen und Material, das wiederverwendet werden konnte, gesichert." Zentnerschwere Quadersteine zum Beispiel. Doch die Quadersteine reichten nicht für einen Neubau aus. Was also tun? Woher das Material nehmen? „Pfarrer Otto Fritz hatte neben theologischen, geschichtlichen und geologischen Kenntnissen auch ein ausgeprägtes Organisationstalent", sagt Otto Baumanns Gattin Lisa, die sich, wie auch ihr Ehemann, ausgiebig mit der Geschichte der Kirche beschäftigt hat. Der Pfarrer organisierte Steine, mit denen ursprünglich die Festung Vogelsang in der Eifel befestigt werden sollte. Das Dach und die Konstruktion des Langhauses, erzählt Lisa Baumann, sei einmal eine Flugzeughalle der Nationalsozialisten gewesen, die Gesimse besorgte Pfarrer Fritz aus den Beständen des Oberkommandos des Heeres. „Und die roten Fußbodenplatten und Stufen waren für eine NS-Versammlungshalle geplant."

Irgendwie ist es schön, dass dank der Baumaterialien, die einst den Verfechtern eines menschenunwürdigen Regimes zur Verfügung stehen sollten, ein Gotteshaus wiederauferstanden ist. In gewisser Weise ist das auch ein Stück Vergangenheitsbewältigung.

Eva-Maria Bast

....

So geht's zur Pfarrkirche St. Laurentius:

Die Pfarrkirche steht am Kirchplatz 2. Sie ist von Westen her über die Kirchgasse und von Osten über die Ruppertsgasse zu erreichen.

Danksagung

Geheimnisse sind ständig einer Gefahr ausgeliefert. Der Gefahr, vergessen zu werden. Ohne Menschen, die ihr Wissen zum rechten Zeitpunkt weitergeben, würden enorme Schätze für immer verloren gehen. Wir danken all jenen, die ihr Wissen mit uns geteilt und sich viel Zeit genommen haben, um uns auf unserer Spurensuche zu begleiten.

Der Main-Post danken wir für das Vertrauen und die Unterstützung. Die Kollegen haben uns und unsere Idee mit offenen Armen empfangen und mit tollen Einfällen und Kontakten zum Werden dieses Buches beigetragen. Eigentlich müssten wir hier neben Chefredakteur Michael Reinhard und Redaktionsleiter Andreas Jungbauer alle namentlich aufzählen, aber die Liste würde zu lang werden, da wir aus allen Abteilungen gleichermaßen große Unterstützung erhielten.

Da es die „Geheimnisse" in vielen Städten gibt, sind wir viel unterwegs und lernen viele Menschen und ihre Mentalitäten kennen. Bei den Würzburger Kollegen und auch bei unseren Würzburger „Geheimnis-Paten", also den Menschen, die mit uns auf Spurensuche gingen, fiel uns eines besonders auf: Durch ihre herzliche Art fühlt man sich bei ihnen richtig gut aufgehoben.

Ein riesiges Dankeschön geht natürlich wie immer an unsere Familien und Freunde für die großartige Unterstützung. Und nicht zuletzt ans Team vom Bast Medien Service, das hinter den Kulissen bienenfleißig war und all die vielen Dinge tat, die bei der Entstehung eines solchen Buches getan werden müssen.

Eva-Maria Bast und Heike Thissen im Oktober 2014.

Literatur und Quellen

Andres, Bonaventura (Hrsg.):
Neue Fränkische Chronik. Würzburg
1809.

Baumann, Otto:
Zur Geschichte der Pfarrkirche
St. Laurentius in Heidingsfeld. Unver-
öffentlichtes Manuskript.

Bayerische Verwaltung der staatlichen
Schlösser, Gärten und Seen:
Residenz Würzburg. URL:
www.residenz-wuerzburg.de/deutsch/
residenz/index.htm. Stand: 13.7.2014.

Bechtold, Arthur:
Kulturbilder aus dem alten Würzburg.
Würzburg 1935.

Bodisco, Wolf v.:
„Türen ins unterirdische Würzburg.“
In: Würzburg heute. Würzburg 1999,
S. 68.

Brockhaus:
Der große Brockhaus, Band 3: Dreißigjähriger Krieg. Wiesbaden 1953.

Buczynski, Bodo:
„Der Skulpturenschmuck Riemen-
schneiders für die Würzburger Mari-
enkapelle. Eine Bestandsaufnahme.“
In: Lichte, Claudia (Hrsg.): Tilman
Riemenschneider. 1. Band: Werke sei-
ner Blütezeit. Katalog zur gleichnami-
gen Ausstellung im Mainfränkischen
Museum Würzburg, 24. März bis 13.
Juni 2004 (Kunst in Franken),
Regensburg 2004, S. 174–193.

Cronthal, Martin:
Die Stadt Würzburg im Bauernkriege.
Würzburg 1887.

Der Israelit vom 30.10.1884,
1.12.1869.

Dettelbacher, Werner:
Würzburg – ein Gang durch seine
Vergangenheit. Würzburg 1984.

Dettelbacher, Werner:
Würzburg – die Jahre nach 1945.
Würzburg o.J., S. 5, 6, 16, 17, 18.

Dettelbacher, Werner:
Würzburger G'schichten aus dem
vorigen Jahrhundert. Würzburg 1987.

Dettelbacher, Werner:
Zu Gast im alten Würzburg. München 1997.

Deutscher Wetterdienst:
Die Vb-Wetterlage. URL: www.deutscher-wetterdienst.de/lexikon/index.htm?ID=V&DAT=Vb-Wetterlage. Stand: 12.7.2014.

Diözese Würzburg:
Die Würzburger Marienkapelle. URL: www.erleben.bistum-wuerzburg.de/kirchen-und-kloester/marienkapelle. Stand: 6.5.2014.

Dom Würzburg:
Die Kiliani-Wallfahrt. URL: www.dom-wuerzburg.de/seelsorge/kiliani-wallfahrt/. Stand: 1.7.2014.

F.C. Würzburger Kickers (Hrsg.):
Festschrift zur Denkmalenthüllungsfeier für die im Weltkriege gefallenen Mitglieder des F.C. Würzburger Kickers. Würzburg 1924.

Flade, Roland:
„Der Professor und die vergessene Madonna am Hubland." In: Main-Post vom 8.9.2013.

Flade, Roland:
Hoffnung, die aus Trümmern wuchs. 1945 bis 1948: Würzburgs dramatischste Jahre. Würzburg 2008.

Frank, Leonhard:
Die Räuberbande. 4. Auflage, Berlin 2007.

Fränkisches Volksblatt vom 30.6.1920, 29.10.1955, 18.8.1969, 10.3.1976, 3.4.2001, 2.3.2005.

Freeden, Max H. v.:
Festung Marienberg. Würzburg 1982.

Fuchs, Jörg; Sauer, M.:
Spuren der Kriegs- und Nachkriegszeit in Würzburg. Ein kleiner Führer zu unbekannten Zielen. Würzburg 2009.

Gesellschaft für die Geschichte des Weines:
Persönlichkeiten der Weinkultur – Meuschel, Johann Wilhelm (1788–1858). URL: http://geschichte-des-weines.de/index.php?option=com_content&view=article&id=388:meuschel-johann-wilhelm-1788-1858&catid=45:persoenlichkeiten-a-z&Itemid=83. Stand: 29.7.2014.

Gesellschaft für die Geschichte des Weines:
Persönlichkeiten der Weinkultur – Meuschel, Wilhelm Gottlob (1834–1921). URL: http://geschichte-des-weines.de/index.php?option=com_content&view=article&id=609:meuschel-wilhelm-gottlob-1834-1921&catid=45:persoenlichkeiten-a-z&Itemid=83. Stand: 29.7.2014.

Grießhammer, Birke:
Hexenverfolgung in Franken im 16.–
18. Jahrhundert. URL: www.hexen-
franken.de. Stand: 29.6.2014.

Guski, Chajm:
Religiöse Begriffe aus der Welt des
Judentums: Mesusa. URL: www.juedi-
sche-allgemeine.de/article/view/id/12
764. Stand: 5.7.2014.

Kallfelz, Hatto; Wagner, U.:
Gärten und Grünanlagen in Würzburg. Ihre Entwicklung und Bedeutung. Ausstellungskatalog der Staatlichen Archive Bayerns, Nr. 26.
München 1990.

Kern, Josef:
Des Baumeisters Kommandobrücke.
URL: www.main-netz.de/nachrich-
ten/region/frankenrhein-main/fran-
ken/art4005,1050498. Stand:
13.7.2014.

Korth, Thomas:
„Neumann, Balthasar.“ In:
Neue Deutsche Biographie 19, S. 140–
142 (Onlinefassung). URL:
www.deutsche-biographie.de/pnd118
587269.html. Stand: 13.7.2014.

Kreisel, Heinrich:
Festung Marienberg zu Würzburg.
München 1942.

Krieg v., o. A.:
Kriegs-Tagebuch des 2. Westfälischen
Infanterie-Regiments Nr. 15 aus dem
Feldzuge der Main-Armee 1866.
URL: http://books.google.de/books/
reader?id=vo4xAQAAMAAJ&hl=de
&printsec=frontcover&output=reader
&source=gbs_atb&pg=GBS.PP7.
Stand: 11.5.2014.

Kuhn, Rudolf E.:
Madonnen, Fresken, Fratzen und
Menschen in Ruinen. Würzburg o.J.,
S. 31 f., 65 f.

Kuhn, Rudolf E.:
Würzburger Madonnen des Barock
und Rokoko. Aschaffenburg 1949.

Kunze, Rolf-Ulrich:
„Würzburg 1945–2004. Wiederauf-
bau, moderne Gesellschaft.“ In:
Geschichte der Stadt Würzburg.
Band III. Stuttgart 2007. S. 318 ff.

Landschaftsmuseum Obermain:
Das Badewesen: Der Bader – ein
„unehrlicher“ Beruf. URL: www.land-
schaftsmuseum.de/Seiten/Museen/
Bader.htm. Stand: 2.8.2014.

Leng, Rainer:
Julius Echter von Mespelbrunn, Fürstbischof von Würzburg. Würzburg
2013.

Leonhard-Frank-Gesellschaft:
Leonhard Frank in Würzburg – Erinnerungsorte. URL: www.leonhard-frank-gesellschaft.de/Erinnerungsorte/Erinnerungsorte_Text.html.
Stand: 29.6.2014.

Lusin, Jörg:
Würzburg, wie es früher war.
Würzburg 2000.

Mainka, Wolfgang:
Würzburger Gässli und Strässli erzählt vom Würzburger Nachtwächter.
Würzburg 2008.

Mainka, Wolfgang:
Würzburger Geschicht(l)e erzählt vom Würzburger Nachtwächter. Ein heiterer Gang durch die 1300-jährige Geschichte Würzburgs. Band 2,
Würzburg 2006.

Main-Post vom 12.4.2001, 11.5.2005, 30.7.2009, 19.11.2013, 13.5.2014.

Main-Post:
Staken, Flößen, Treideln. URL:
www.mainpost.de/regional/schweinfurt/Staken-Floessen-Treideln-Flussgeschichte-im-Jahr-der-Landesausstellung;art17957,7274317. Stand:
23.6.2014.

Main-Post:
Weg der Erinnerung für Deportationsopfer. URL: www.mainpost.de/regional/franken/Weg-der-Erinnerung-fuer-Deportationsopfer;
art1727,6139226. Stand: 10.7.2014.

Memminger, August:
Ein Gang durch den Würzburger Friedhof. Würzburg 1906.

Memminger, August:
Würzburger Friedhofswanderung.
Würzburg 1921.

Memminger, Thomas:
Würzburgs Straßen und Bauten.
Würzburg 1921.

Mettenleiter, Andreas:
„Würzburgs Mann in Nippon." In:
Volksblatt vom 2. Juni 2004.

Meyer, Matthias:
Bismarckkult in Würzburg. Mainfränkische Hefte, Heft 110. Würzburg
2012.

Moser, Christian:
Strafen im Mittelalter. URL:
www.leben-im-mittelalter.net/gesellschaft-im-mittelalter/recht/strafen.
html. Stand: 26.5.2014.

Niedermayer, Andreas:
Kunstgeschichte der Stadt Würzburg.
Würzburg/Frankfurt am Main 1860,
S. 346 ff.

Nossol, Peter; Schunk, G.:
Was war los in Würzburg 1950–2000.
Erfurt 2000.

o.A.:
„Aus Würzburgs alter Zeit: Der
Schultheißenhof – ‚Mordhof'
genannt." In: 8-Uhr-Blatt vom
3.1.1936.

o.A.:
„Das Siebolddenkmal in Würzburg."
In: Würzburger Stadt- und Landbote
vom 14. Oktober 1882.

o.A.:
„Das Siebolddenkmal in Würzburg."
In: Der Jahres-Bote für das Jahr 1883.

Peter, Bernhard: Würzburg – ein
heraldischer Leckerbissen. URL:
www.dr-bernhard-peter.de/Heraldik/
Galerien/galerie58.htm. Stand:
11.7.2014.

Rettner, Leo:
Vierhundert Jahre Stiftung Juliusspital.
o.O., o.J.

Rose, Christoph:
Der Würzburger Stadtteil Peter (Peter
Viertel). URL: www.wuerzburg-fotos.
de/peter_viertel.php. Stand: 5.7.2014.

Rottenbach, Bruno:
Würzburger Straßennamen. Band 1.
Würzburg 1967.

Royal Air Force Bomber Command
60th Anniversary:
Campaign Diary, Februar 1945. URL:
http://web.archive.org./web/2013020
9165055/http://www.raf.mod.uk/
bombercommand/feb45.html. Stand:
18.4.2014.

Rückert, Peter:
„Der Mord an Bischof Konrad von
Querfurt im Jahr 1202." In:
Geschichte der Stadt Würzburg. Band
1. Stuttgart 2001, S. 89 ff.

Scharold, Carl Gottfried:
Würzburg und seine Umgebungen.
o.O. 1836.

Schloss Steinburg:
Chronologie des Hauses. URL:
www.steinburg.com/chronologie-des-
hauses. Stand: 19.7.2014.

Seidl, Heinrich:
„Der Fußabdruck an der Treppe zum Käppele in Würzburg." URL: http://frankenland.franconica.uni-wuerzburg.de/login/data/2002_67.pdf#view=FitBV. Stand: 13.7.2013.

Sicken, Bernhard:
„Dreißigjähriger Krieg." In: Geschichte der Stadt Würzburg. Band II. Stuttgart 2004, S. 101 ff.

Stadt Würzburg:
Hauptfriedhof. Friedhofsplan und bekannte Persönlichkeiten. Würzburg o.J.

Stadt Würzburg:
Verwaltungsbericht der Stadt Würzburg 1896–1900. S. 233.

Stather, Martin:
„Über Alles das Vaterland! Wie Konstanz zu seinem Bismarckturm kam." In: Konstanzer Almanach. 34. Jahrgang. Konstanz 1988, S. 65–69.

Steidle, Hans:
Am Anfang war ein Mord. Das Würzburger Rathaus als Brennpunkt von Politik und Geschichte. Würzburg 2012.

Steidle, Hans; Meisner, C.:
Würzburg. Streifzüge durch 13 Jahrhunderte Stadtgeschichte. Würzburg 1999.

Tiltz, Werner:
Stille Zeit fängt Feuer. Gedichte. Hamburg/Münster 2013.

Umweltreferat und Stadtarchiv Würzburg (Hrsg.):
Der Würzburger Ringpark. Kulturdenkmal und Naherholungsgebiet. Würzburg 1996.

Wagner, Ulrich:
„Das Schloß muss herab!" Würzburg im Bauernkrieg 1525. Stadthistorische Streiflichter, Nr. 24. URL: www.wuerzburg.de/de/themen/kultur-bildung-kulturangebot/denkmalpflegeundstadtgeschichte/stadtarchiv/veranstaltungenundpublikationen/schlaglichter/8708.Stadthistorische_Streiflichter_html. Stand: 26.6.2014.

Wagner, Ulrich:
„Die Eroberung Würzburgs im April 1945." In: Geschichte der Stadt Würzburg. Band III. Stuttgart 2007. S. 294 ff.

Weidisch, Peter:
„Würzburg im ‚Dritten Reich'." In: Geschichte der Stadt Würzburg. Band III. Stuttgart 2007. S. 197 ff.

Wikipedia:
Arme Schulschwestern von Unserer
Lieben Frau. URL: http://de.wikipe-
dia.org/wiki/Arme_Schulschwestern_
von_Unserer_Lieben_Frau. Stand:
5.6.2014.

Wikipedia:
Bombenangriff_auf_Würzburg_
am_16._März_1945. URL: http://
de.wikipedia.org/wiki/Bombenan-
griff_auf_Würzburg_am_16._
März_1945. Stand: 12.7.2014.

Wikipedia:
de Havilland Mosquito. URL:
https://de.wikipedia.org/w/index.
php?title=De_Havilland_Mosquito.
Stand: 18.4.2014.

Wikipedia:
Hochwasser in Würzburg. URL: http://
de.wikipedia.org/wiki/Hochwasser_
in_Würzburg. Stand: 12.7.2014

Wikipedia:
Julius Echter von Mespelbrunn. URL:
http://de.wikipedia.org/wiki/Julius_
Echter_von_Mespelbrunn. Stand:
11.7.2014.

Wikipedia:
Kettenschifffahrt auf dem Main. URL:
http://de.wikipedia.org/wiki/Ketten-
schifffahrt_auf_dem_Main. Stand:
23.6.2014.

Wikipedia:
Konrad von Querfurt. URL: http://
de.wikipedia.org/wiki/Konrad_von_
Querfurt_(†_1202). Stand: 3.5.2014.

Wikipedia:
Magdalenenhochwasser. URL: http://
de.wikipedia.org/wiki/Magdalenen-
hochwasser. Stand: 12.7.2014.

Wikipedia:
Papst Innozenz III. URL: http://de.
wikipedia.org/wiki/Innozenz_III.
Stand: 3.5.2014.

Wikipedia:
Treideln. URL: http://de.wikipedia.
org/wiki/Treideln. Stand: 23.6.2014.

Wikipedia:
Walther von der Vogelweide. URL:
http://de.wikipedia.org/wiki/Wal-
ther_von_der_Vogelweide. Stand:
10.7.2014.

Winzlmaier, Hans:
Wilhelm von Grumbach und seine
mit ihm hingerichteten Gefährten.
Kurzbiografien und Hinrichtungsbe-
schreibung nach einer Handschrift
von 1568. Rimparer Geschichtsblätter
Band 6. Rimpar 2012.

Wunderlich, Dieter:
AußerOrdentliche Frauen. 18 Port-
räts. München 2009.

Wunderlich, Dieter:
Lola Montez. 1821–1861/Biografie.
URL: www.dieterwunderlich.de/
Lola_Montez.html. Stand: 28.5.2014.

Wust, Richard:
„Geheimnisvoller ‚Quadratschädel‘.
Der Reformator Luther in Würzburg
und die Spuren im Riemenschneider-
Roman“. In:
Main-Post vom 22.3.2008.

Würzburg-Wiki:
Löwenquartett: URL: http://wuerz-
burgwiki.de/wiki/Ludwigsbruecke.
Stand: 18.4.2014.

Würzburg-Wiki:
Burkarder Tor. URL: http://wuerz-
burgwiki.de/wiki/Burkarder_Tor.
Stand: 11.7.2014.

Würzburg-Wiki:
Dreißigjähriger Krieg. URL:
http://wuerzburgwiki.de/wiki/Drei-
ßigjähriger_Krieg. Stand: 11.7.2014.

Würzburg-Wiki:
Ehemaliges Frauenzuchthaus. URL:
http://wuerzburgwiki.de/wiki/Ehe-
maliges_Frauenzuchthaus. Stand:
6.5.2014.

Würzburger General-Anzeiger vom
23.2.1899.

Foto:
Baumann, Otto: S. 174

Haftungsausschluss

Trotz intensivem Austausch mit unseren Gesprächspartnern, gewissenhafter Literaturrecherche und aufmerksamem Korrekturlesen erheben wir weder einen Anspruch auf Vollständigkeit noch auf Fehlerlosigkeit. Wir haben streng darauf geachtet, keine Urheberrechte zu verletzen, unsere Recherchen sind nach bestem Wissen und Gewissen erfolgt. Dennoch übernehmen wir keinerlei Gewähr für die Aktualität, Korrektheit oder Vollständigkeit der bereitgestellten Informationen. Haftungsansprüche gegen uns schließen wir grundsätzlich aus.

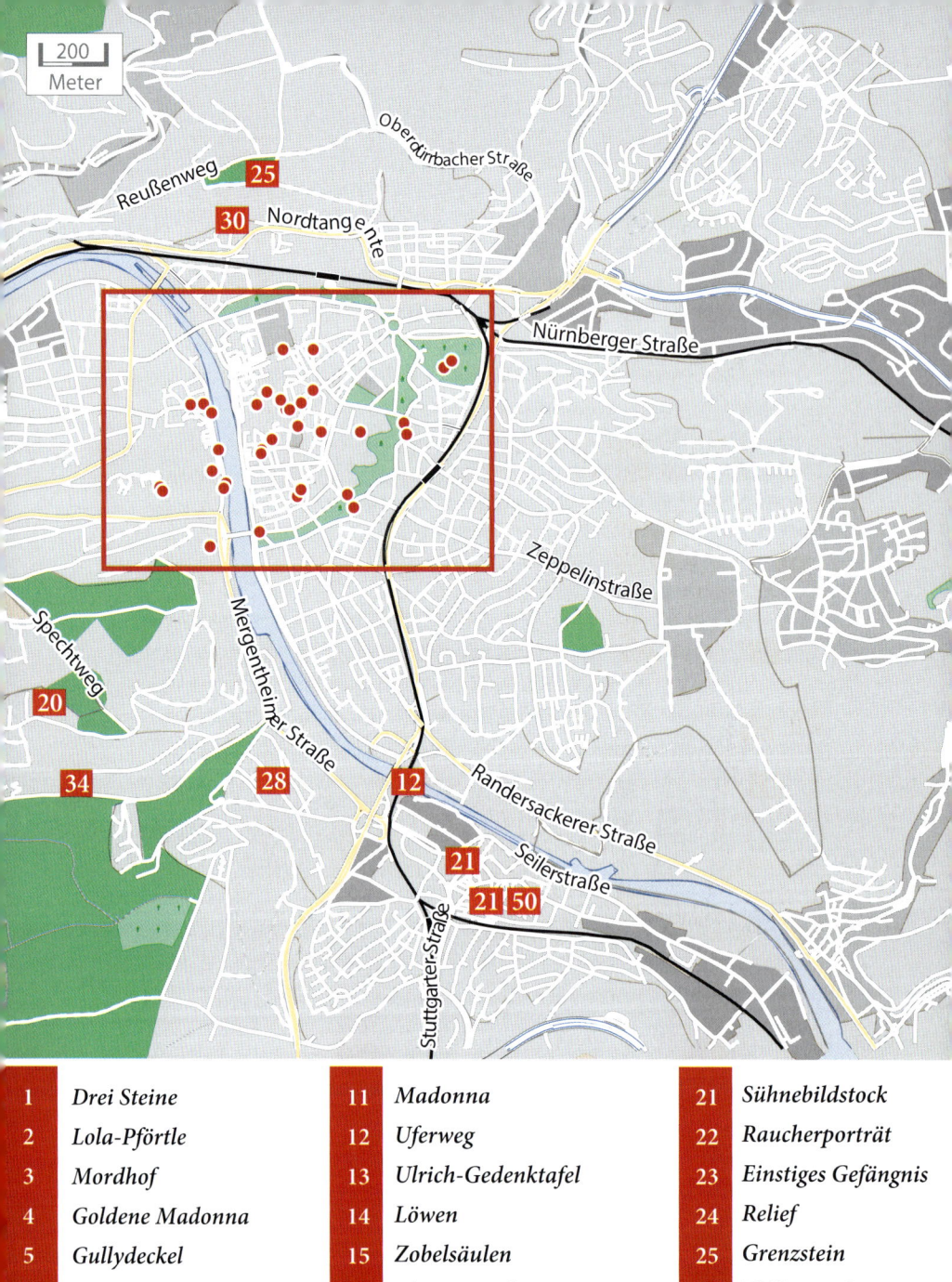

1	Drei Steine	11	Madonna	21	Sühnebildstock
2	Lola-Pförtle	12	Uferweg	22	Raucherporträt
3	Mordhof	13	Ulrich-Gedenktafel	23	Einstiges Gefängnis
4	Goldene Madonna	14	Löwen	24	Relief
5	Gullydeckel	15	Zobelsäulen	25	Grenzstein
6	Umgedrehtes Wappen	16	Blauer Postkasten	26	Philippus-Statue
7	Hufnägel	17	Revolution im Rathaus	27	Stifterrelief
8	Himmelbett	18	Siebert-Inschrift	28	Kickers-Denkmal
9	Mesusa-Abdruck	19	Adams Unterarm	29	Hochwassermarke
10	Friedhofsengel	20	Soldatengrab	30	Meuschel-Tafel

mehr über Würzburg erfahren?

....

Hier gibt es sachkundige Informationen:

Christine Hofstetter
Stadtführungen zu den Würzburger
Madonnen
Theresienstraße 15
97070 Würzburg
Telefon: 0931 / 784 92 84
E-Mail: christine.hofstetter@gmx.de
Website: www.wuerzburger-
gaestefuehrer.de

Doris Jäger-Herleth
Gästeführungen in der Stadt Würzburg,
Domführungen, Kirchenführungen,
Sonderführungen zur Sepulkralkultur,
Rundgänge auf dem Hauptfriedhof
Würzburg (Schwerpunkt Kulturge-
schichte)
Telefon: 0173 / 102 13 72
E-Mail: d.jaeger-herleth@web.de

Monika Kania-Doerck M. A.
Führungen in der Stadt Würzburg
und deren Museen. Spezielle Themen-
führungen.
Robert-Kirchhoff-Str. 43
97076 Würzburg
Telefon: 0931 / 27 24 68
E-Mail: Monika.Kania-Doerck@gmx.de
Website: www.wuerzburger-
gaestefuehrer.de

Museum Shalom Europa
Darstellung von traditionellem Juden-
tum im 21.Jahhundert auf der Grundlage
des weltweit größten Fundes von Steinen
eines mittelalterlichen jüdischen Fried-
hofs.
Valentin Becker Str. 11
97072 Würzburg
Telefon: 0931 / 404 14 41
E-Mail: shalomeuropa@gmx.de
Öffnungszeiten: Mo.–Do., 10–16 Uhr;
So. 11–16 Uhr
Gruppenführungen nach Anmeldung
auch außerhalb der Öffnungszeiten.

Renate Jung
Würzburger Malerin, bekannt für exzellente Portraits und Wandbemalungen. Veröffentlichung: Schwanitz, Bernhard; Tiltz, W. (Hrsg.): Renate Jung. Würzburg 2013.
Frankenstraße 61
97078 Würzburg
Telefon: 0931 / 235 00
E-Mail: malerin-renate-jung@gmx.de
Website: www.renate-jung.de

Sebastian Karl
Stadtführungen, Gruppenprogramme und Busrundfahrten mit Herrn Karl – fröhlich und unterhaltsam moderiert.
E-Mail: hr.karl@online.de
Website: www.herrkarl.net

MiAu – Museum im Auto
Mobiles Museum und Kinderführungen in Residenz, Festung und Stadt
Claudia Jüngling
Festung Marienberg, Altes Zeughaus
97082 Würzburg
Telefon: 0931 / 414 476
E-Mail: claudiajuengling@aol.com
Website: www.museum-im-auto.de

Elisabeth Nickel
Führungen im Dom, im Neumünster, in der Altstadt, auf der Festung Marienberg und in der Residenz Würzburg sowie im Rokokogarten Veitshöchheim. Themenführungen „Brunnenbau und Wasserblau – Was Würzburger Brunnen erzählen" und „Würzburg tierisch – Willkommen im Würzburger Skulpturen- und Bilder-Tierpark"
Telefon: 093 / 353 86 70
E-Mail: Elisabeth.nickel@arcor.de

Johannes Schmitt
Winzermeister und Sommelier, Führungen rund um das Thema Wein und Weinproben
Neutorstr.9
97070 Würzburg
Telefon: 0931 / 409 779
E-Mail: joe.schmitt1@freenet.de

Rüdiger Seyler
Dominfo Würzburg
Führungen im Dom, Neumünster, der Marienkapelle und im Stift Haug
Domstraße 40
97070 Würzburg
Telefon: 0931 / 386 629 00
E-Mail: information.dom@bistum-wuerzburg.de
Website: www.dom-wuerzburg.de/rundgang/dominfo
Öffnungszeiten: Mo.–Sa., 9.30–17.30 Uhr.

Dr. Hans Steidle
Gymnasiallehrer, Autor und
Stadtheimatpfleger
Publikationen, Führungen und Vorträge
zu Geschichte, Kunst und Kultur
Würzburgs mit vielfältigen Themen-
schwerpunkten
Telefon: 0931 / 883 676
E-Mail: hans_steidle@web.de

Dr. Peter A. Süß
Veröffentlichungen zu Würzburg, spezielle Themenführungen, Auftritte als
historische Persönlichkeiten
E-Mail: Kulturgegenkohle@web.de

Wolf von Bodisco
Führungen in Würzburg über Kanal-
deckel, Altpflaster und Grünflächen wie
Ringpark, Pleichach und Kürnach im
Stadtgebiet. Hafenspaziergänge.
Telefon: 0931 / 143 07
E-Mail: wolf-von-bodisco@gmx.de

Horst Tony Walter
Dipl.-Theol. u. M.A. in Musikwissen-
schaft
Würzburg entdecken mit Tony:
Altstadt, Residenz, Festung und zahlrei-
che Themenführungen.
Telefon: 0931 / 358 124 50
E-Mail: wuerzburg-entdecken@web.de

Hans Winzlmaier
Führungen im Schloss Grumbach in
Rimpar
Publikation: Winzlmaier, Hans: Wil-
helm von Grumbach und seine mit ihm
hingerichteten Gefährten. Rimparer
Geschichtsblätter Band 6. Rimpar 2012.
Telefon: 09365 / 38 02
E-Mail: hanswinzlmaier@freenet.de
Website: www.schloss-grumbach.de

Besuchen Sie uns im Internet:
www.buero-bast.de

Spannende Romane

Vergissmichnicht

Die Journalistin Alexandra Tuleit stößt auf einen mysteriösen Mordfall, der sich 1980 in Überlingen ereignet hat. Der Täter wurde nie gefasst. Wenig später wird ihre Informantin tot aufgefunden. Zur gleichen Zeit verschwindet in Südfrankreich eine Frau – und die Spuren führen nach Überlingen und Konstanz ...

Ein spannender Krimi mit viel Lokalkolorit vor der traumhaften Kulisse des Bodensees.

Eva-Maria Bast, Vergissmichnicht: Der erste Fall für Alexandra Tuleit und Ole Strobehn. 280 Seiten. Gmeiner-Verlag 2012.
ISBN: 978-3-8392-1338-4

Tulpentanz

Der junge Geliebte der Firmenchefin Helena Eichenhaun wird am Bodenseeufer tot aufgefunden. Zeitgleich verschwindet in Aalen die Pfeife des Spions – eines Wahrzeichens der Stadt. Alexandra Tuleit und Kommissar Ole Strobehn enthüllen eine unglaubliche Geschichte, die tief in die Vergangenheit führt ...

Hochspannung zwischen Aalen und dem Bodensee!

Eva-Maria Bast, Tulpentanz: Der zweite Fall für Alexandra Tuleit und Ole Strobehn. 410 Seiten. Gmeiner-Verlag 2013. ISBN: 978-3-8392-1413-8

Mondjahre

Deutsches Reich 1914. Johanna, Sophie und Luise sind drei mutige, starke und schöne junge Frauen, die Zukunft liegt verheißungsvoll vor ihnen. Doch dann bricht der Krieg aus und zeigt ihnen das Leben von seiner finstersten Seite. Sophie erwartet ein Kind von einem Franzosen, der jetzt Feind ist, Luise und Johanna geraten in russische Gefangenschaft. Der Krieg verlangt ihnen alles ab. Aber er macht sie auch stärker.

Frauenschicksale in Ostpreußen und am Bodensee.

Eva-Maria Bast, Mondjahre. 466 Seiten. Gmeiner-Verlag 2014.
ISBN: 978-3-8392-1545-6